Horst Herzog / Doppelte Loyalität

Schriften zum Völkerrecht

Band 47

Doppelte Loyalität

Ein Problem für die zur Europäischen Gemeinschaft
entsandten Beamten der Mitgliedstaaten

Von

Dr. Horst Herzog

Mit einem Vorwort von Prof. Dr. Karl Josef Partsch

DUNCKER & HUMBLOT / BERLIN

Alle Rechte vorbehalten
© 1975 Duncker & Humblot, Berlin 41
Gedruckt 1975 bei Buchdruckerei Bruno Luck, Berlin 65
Printed in Germany
ISBN 3 428 03490 2

Vorbemerkung

Das Thema der vorliegenden Arbeit, die von der Rechts- und Staatswissenschaftlichen Fakultät der Rheinischen Friedrich-Wilhelms-Universität Bonn als Dissertation angenommen wurde, habe ich von Herrn Professor Dr. *K. J. Partsch* erhalten, dem ich für die wissenschaftliche Betreuung und Förderung zu aufrichtigem Dank verpflichtet bin.

Mein Dank gilt ferner den Beamten aus der Verwaltung der Kommission der Europäischen Gemeinschaft und aus den Ministerien der Mitgliedstaaten, die mir während meines Praktikums bei der Kommission im Frühjahr 1973 und in der folgenden Zeit durch Informationen und Ratschläge behilflich waren. Dabei danke ich insbesondere Herrn Dr. *Th. Holtz* für die mir bereitwillig gewährte Unterstützung.

Herrn Professor Dr. *Chr. Tomuschat* bin ich für viele hilfreiche Hinweise dankbar.

Nicht zuletzt danke ich Herrn Senator E. h. Dr. *J. Broermann* für die Aufnahme der Arbeit in diese Reihe.

Mit der vorliegenden Untersuchung hoffe ich einen Beitrag zur Lösung des seit der Gründung internationaler Organisationen bestehenden völkerrechtlichen Problems der doppelten Loyalität zu leisten, das vornehmlich in der Europäischen Gemeinschaft — bedingt durch deren besondere Struktur und Funktion — nicht nur als rechtliches Problem, sondern auch als psychologisches Phänomen in Erscheinung tritt.

Die Untersuchung wurde bis auf geringe Änderungen Ende 1974 abgeschlossen.

Horst Herzog

Vorwort

Die Schrift hat eine Vorgeschichte, die um 15 Jahre zurückreicht. Im Frühjahr 1960 hat mich das Internationale Institut für Verwaltungswissenschaften in Brüssel gebeten, auf einem mit dem Personalrat der Europäischen Wirtschaftsgemeinschaft gemeinsam veranstalteten Kolloquium über den europäischen öffentlichen Dienst zu sprechen und mich dabei auf die Rechtsbeziehungen zwischen den europäischen Bediensteten und ihren Anstellungsgemeinschaften zu konzentrieren. Damals war das Personalstatut der Europäischen Wirtschaftsgemeinschaft noch nicht erlassen, sondern nur die Montanunion verfügte über ein formuliertes Dienstrecht. In Brüssel bestand weitgehend Ungewißheit, was daraus übernommen werden sollte. Nicht alle Regelungen hatten sich in Luxemburg bewährt.

Der Präsident der Kommission, *Walter Hallstein*, hat mich damals eingeladen, zur Vorbereitung dieses Referats nach Brüssel zu kommen, um an Ort und Stelle die Probleme zu studieren. Besuche in Luxemburg und Straßburg schlossen sich an. In zahlreichen Einzelgesprächen mit Beamten der Gemeinschaften und des Europarates hatte ich Gelegenheit, den Problemen nachzugehen und auch die unterschiedlichen Interessen aufzuspüren, welche einerseits von den Dienstherren, andererseits von den dort Tätigen empfunden und verfolgt wurden. Am aufschlußreichsten war ein abendliches Rundgespräch, zu dem *Swidbert Schnippenkoetter* — damals Kabinettschef des Kommissionspräsidenten — einlud und das er ebenso souverän wie locker leitete. Bei diesem Rundgespräch kam deutlich heraus, daß bei allen Regelungen des Dienstrechts der Gemeinschaften an ein Phänomen zu denken sei, das in vollem Umfange sich nur dort stelle und für das weder die nationalen Dienstrechte noch auch das Dienstrecht der sonstigen internationalen Organisationen ausreichende und befriedigende Modelllösungen anböten.

Ich begrüße es, daß dieses Vorwort mir Gelegenheit gibt, die Erinnerung an den viel zu früh verstorbenen Moderator dieses Rundgespräches und ungewöhnlichen Mann aufrecht zu erhalten.

Der Verfasser dieser Arbeit stand vor einer ganz anderen Situation, als er sie in Angriff nahm: Ein Dienstrecht war seit längerer Zeit in Brüssel in Kraft; auch sonst hatten sich die Verhältnisse stabilisiert. Die Entsendung von Beamten aus den nationalen Diensten war in den

Mitgliedstaaten durch Richtlinien eingehend geregelt worden, oder es hatte sich doch eine bestimmte Praxis eingespielt.

Dennoch konnte diese Arbeit — ebenso wie mein Referat im Jahre 1960, das auf Deutsch in der Zeitschrift „Die öffentliche Verwaltung", 1961, S. 281 - 290, erschienen ist — nicht ohne Kenntnis der praktischen Hintergründe geschrieben werden. Eine mehrmonatige Stage bei den Gemeinschaften, während der der Autor dem Vorsitzenden des Personalrates — Herrn *Theodor Holtz* — attachiert war, gab ihm Gelegenheit, sich intensiv über die faktischen Gegebenheiten zu informieren. Das ist in der Arbeit selbst zwar nicht ausdrücklich erwähnt, sollte aber ausgesprochen werden, da das umfangreiche Literaturverzeichnis den Eindruck erweckt, als habe der Autor allein am Schreibtisch gearbeitet.

Das Problem der gespaltenen Loyalität der entsandten Beamten ist schwer erfaßbar. Der Autor geht ihm nach von der Rechtsstellung im nationalen und Gemeinschaftsdienstrecht her (Teil I und II). Er untersucht die Entsendungsmodalitäten (Teil III) und — vor allem — die Situationen, in denen dieses Problem in der praktischen Arbeit auftaucht (Teil IV). Dieser Teil der Arbeit ist besonders wichtig. Er ist gewissermaßen das Kernstück und gibt den lebendigsten Eindruck. Den Abschluß bilden dann Ausführungen über rechtliche Gestaltungsmittel zur Lösung des Problems (Teil V). Inwieweit sie zu verwirklichen sein werden, hängt weitgehend davon ab, wie die Gemeinschaften sich weiterentwickeln. Wird der Schritt zum Europäischen Bundesstaat getan — der Autor ist optimistisch — ergeben sich neue Perspektiven. Es ist zu hoffen, daß sie sich einstellen. Aber auch in diesem Teil bleibt der Autor durchaus auf der Ebene der Tatsachen und auf der Ebene der gegenwärtigen Gegebenheiten, ohne übertriebene Hoffnungen zu erwecken. Sein Thema hätte leicht zur Spekulation verführen können. Der Autor ist dagegen schon durch sein Temperament gefeit. Er bleibt realistisch, nah an der Sache und illusionslos. Das ist sicher ein Vorteil.

Karl Josef Partsch, Bonn

Inhaltsverzeichnis

Einleitung 15

TEIL I
Die Systeme der nationalen Beamtenrechte 17

1. Kontinentaleuropäischer Rechtskreis 18
2. Nordischer Rechtskreis 22
3. Angloamerikanischer Rechtskreis 23
4. Zusammenfassung 25

TEIL II
Das Beamtenrecht der EG 27

1. Entwicklung des Dienstrechts der EG 27
2. Rechtsstellung nach dem Beamtenstatut 28
   a) Begründung des Dienstverhältnisses 28
   b) Einstellungsgrundsätze 28
      aa) Eignungsprinzip 29
      bb) Nationalitätenproporz 29
   c) Beamtenpflichten 30
      aa) Loyalität 30
      bb) Unabhängigkeit 31
      cc) Voraussetzungen für die Erfüllung der Pflichten 32
   d) Beamtenrechte 33
      aa) Vorrechte und Befreiungen 33
      bb) Besoldung, Versorgung 34
      cc) Personalvertretungs- und Mitspracherecht 35
3. Zusammenfassung 36

TEIL III
Das System der Entsendung in den Mitgliedstaaten 37

1. Darstellung der Entsendungsvorschriften 37
   a) Loslösung des Beamten aus dem nationalen Dienst 38
   b) Dauer der Entsendung 39
   c) Widerruf der Entsendung 40
   d) Wiederverwendung im nationalen Dienst 40
   e) Pensionsansprüche 41
   f) Laufbahnrechte 41

Inhaltsverzeichnis

2. Vergleich der Entsendungsvorschriften 42
   a) unter besonderer Berücksichtigung der Loyalitätsverpflichtungen .. 42
   b) im Hinblick auf die Gesamtkonzeption der Entsendung 46
3. Ergebnis 49

TEIL IV
Die doppelte Loyalität im europäischen Dienst   50

1. Organisation des Dienstes in der Kommission 50
   a) Gestaltung der Personalstruktur 50
      aa) Organisationskompetenz 50
      bb) Entsendung 51
   b) Aufgaben- und Arbeitsbereich 52
      aa) Aufgaben 53
      bb) Geschäftsverteilung 53
      cc) Arbeitsweise 54
2. Beeinträchtigungen des Dienstes 55
   a) Teilnahme an einem Streik 55
   b) Verletzung von Dienstpflichten 58
3. Europäische Beamte und Willensbildungsprozeß der EG 61
   a) Erweiterung des Aufgabenbereichs 61
   b) Zusammenarbeit mit nationalen Stellen 62
      aa) Konsultationen mit nationalen Beamten 64
      bb) Konsultationen mit Interessenvertretern 66
      cc) Kontakte außerhalb der Konsultationen 67
   c) Beteiligung am offiziellen Entscheidungsprozeß 67
4. Ergebnis 69

TEIL V
Lösungsmöglichkeiten für das Loyalitätsproblem   70

1. Problemstellung 70
2. Gestaltungsmittel im Beamtenrecht der EG 73
   a) Anstellung auf Dauer 73
   b) Art. 11 73
   c) Disziplinarrecht 74
   d) Vorrechte und Befreiungen 75
   e) Besoldung und Versorgung 76
   f) Personalvertretungs- und Mitspracherecht 77
   g) Personalpolitik 78
   h) Rechtsschutz 79
   i) Ergebnis zu 2. 80

3. Rechtsangleichung 81
   a) Revision der Konzeption der Entsendung 81
   b) Rechtliche Möglichkeiten der Durchsetzung 83
      aa) Art. 189 EWGV 83
      bb) Art. 235 EWGV 84
      cc) Völkerrechtliches Abkommen 85
   c) Ergebnis zu 3. 85
4. Neuordnung des Personalwesens in der EG 86
   a) Paritätischer Ausschuß für den europäischen öffentlichen Dienst .. 86
   b) Aussichten der Verwirklichung 87
5. Weiterentwicklung der Gemeinschaft 88
   a) Stärkung der bestehenden Institutionen 88
   b) Künftige Struktur der Gemeinschaft 89

Schlußbemerkungen 91

Literaturverzeichnis 94

Abkürzungsverzeichnis

ABl.	=	Amtsblatt der Europäischen Gemeinschaften
ÄndVO	=	Änderungsverordnung
AöR	=	Archiv des öffentlichen Rechts
AR	=	Arrêté Royal
ARAR	=	Algemeen Rijksambtenaarenreglement
AT	=	Allgemeiner Teil
BBG	=	Bundesbeamtengesetz
BGBl.	=	Bundesgesetzblatt
BMF	=	Bundesministerium der Finanzen
BMI	=	Bundesministerium des Innern
BRAO	=	Bundesrechtsanwaltsordnung
BRRG	=	Beamtenrechtsrahmengesetz
Décr.	=	Décret
DöD	=	Der öffentliche Dienst
DÖV	=	Die öffentliche Verwaltung
D.P.R.	=	Decreto del Presidente della Repubblica
dt.	=	deutsch
EAG	=	Europäische Atomgemeinschaft
EAGV	=	Vertrag zur Gründung der Europäischen Atomgemeinschaft
ECE	=	Wirtschaftskommission für Europa
EEC	=	European Economic Community
EG	=	Europäische Gemeinschaft
EntsR	=	Entsendungsrichtlinien
EuGH	=	Europäischer Gerichtshof
EuR	=	Europarecht
EurArchiv	=	Europa-Archiv
europ.	=	europäisch
EWG	=	Europäische Wirtschaftsgemeinschaft
EWGV	=	Vertrag zur Gründung der Europäischen Wirtschaftsgemeinschaft
FAO	=	Ernährungs- und Landwirtschaftsorganisation
FusV	=	Fusionsvertrag
GG	=	Grundgesetz
GMBl.	=	Gemeinsames Ministerialblatt
G.U.	=	Gazzetta Ufficiale
i. d. F.	=	in der Fassung
Intern. Org.	=	International Organisation
i. S.	=	im Sinne
i. Verb. m.	=	in Verbindung mit
JO	=	Journal Officiel

MB	=	Moniteur Belge
n. F.	=	neue Folge
NRW	=	Nordrhein-Westfalen
o. a.	=	oben angeführt
OECD	=	Organisation für Wirtschaftliche Zusammenarbeit und Entwicklung
RdSchr.	=	Rundschreiben
Rdziff.	=	Randziffer
Rev. Dr. Publ. Sc. Pol.	=	Revue de Droit Publique et de Sciences Politiques
Rev. Int. Sc. Adm.	=	Revue Internationale de Sciences Administratives
Rev. MC	=	Revue du Marché Commun
RHDI	=	Revue Hellénique de Droit International
RMTh	=	Rechtsgeleerd Magazijn Themis
Rspr.	=	Rechtsprechung
Scan. Dem.	=	Scandinavian Democracy
StGB	=	Strafgesetzbuch
StPO	=	Strafprozeßordnung
UN-Doc.	=	United Nations Document
VN	=	Vereinte Nationen
VO	=	Verordnung
VVDStRL	=	Veröffentlichungen der Vereinigung der Deutschen Staatsrechtslehrer
WEU	=	Westeuropäische Union
WRV	=	Weimarer Reichsverfassung
ZBR	=	Zeitschrift für Beamtenrecht
ZfZVSt	=	Zeitschrift für Zölle und Verbrauchssteuern
ZParlF	=	Zeitschrift für Parlamentsfragen
ZPO	=	Zivilprozeßordnung
ZVerN	=	Zeitschrift für die Vereinten Nationen

Einleitung

Das Problem der doppelten Loyalität ergibt sich daraus, daß die Entsendung[1] von Beamten in die Dienststellen der Europäischen Gemeinschaft (EG) unter Aufrechterhaltung des nationalen Dienstverhältnisses vorgenommen wird und die entsandten Beamten mit der EG ein weiteres Dienstverhältnis eingehen, wobei sie nach den Regeln des Statuts der Beamten der EG[2] in ein Beamtenverhältnis berufen werden.

Das Nebeneinanderbestehen von zwei Dienstverhältnissen bringt insbesondere durch die damit nebeneinander bestehenden, verschiedenen Pflichten die Gefahr von Kollisionen mit sich[3].

Faßt man die einem Beamten obliegenden Pflichten unter dem Begriff der Loyalität gegenüber dem Dienstherrn zusammen, so ergibt sich für die entsandten Beamten das Problem einer doppelten Loyalität: Der Beamte hat Loyalitätspflichten gegenüber dem Entsendestaat. Mit dem Eintritt in den Dienst der EG wird er einem neuen Pflichtenkreis unterstellt. Es bestehen damit zwei Bezugspunkte seiner Loyalität.

Durch die Regelung in Artikel 11 des Statuts der Beamten der EG, die den Pflichten gegenüber der Gemeinschaft den Vorrang einräumt[4], soll die Konkurrenz im Bereich der verschiedenen Loyalitätsverpflichtungen gelöst werden. An der Festlegung des Vorranges der gegenüber der EG bestehenden Pflichten läßt sich erkennen, daß diese Vorschrift von möglichen Kollisionen ausgeht[5].

---

[1] Zur Terminologie ist anzumerken, daß „Entsendung" (entspr. détachement, seconding employment) die Bezeichnung für eine besondere beamtenrechtliche Position ist, die die Abstellung des Beamten zu einem internationalen Dienstherrn beschreibt.

[2] VO Nr. 31 (EWG), Nr. 11 (EAG) der Räte vom 18. Dez. 1961 i. d. F. vom 28. 9. 1972 in ABl. 1972, Nr. C 100, S. 3 ff.

[3] Vgl. *Partsch*, Europ. Bedienstete u. Anstellungsgemeinschaften, DÖV 1961, S. 284, 287; *Schröer*, Kollision, AöR, Bd. 90 (1965), S. 62; *Hennes*, Begriff des Beamten, S. 194; *v. Plehwe*, Intern. Organisationen, S. 87, 88; *Hahn*, Einführung, in: Kaiser, Mayer, Ule (Hrsg.), Recht u. System d. öff. Dienstes, Bd. 4, S. 45.

[4] Art. 11 Abs. 1: Der Beamte hat sich bei der Ausübung seines Amtes und in seinem Verhalten ausschließlich von den Interessen der Gemeinschaften leiten zu lassen; er darf von keiner Regierung, Behörde, Organisation oder Person außerhalb seines Organs Weisungen anfordern oder entgegennehmen.
Ähnliche Vorschriften sind auch in den Personalstatuten internationaler Organisationen enthalten. Vgl. dazu *Rauschning*, Unabhängigkeit u. Bindungen, in: Festschr. Wacke, S. 50, 51.

Die Kollision von Pflichten ist insbesondere für die entsandten Beamten, die an der Ausübung politischer Macht teilhaben, problematisch[6], da die Mitgliedstaaten der EG nicht nur aufgrund ihrer Beiträge zur Finanzierung der Gemeinschaft, sondern auch wegen der politischen Einflußnahme ein Interesse daran haben, mit eigenem Personal in den Organen der EG vertreten zu sein.

Abgesehen von den rechtlichen Bindungen an den Entsendestaat unterhalten andererseits die entsandten Beamten oft enge Verbindungen zu ihrer nationalen Anstellungsbehörde und anderen nationalen Stellen und sind dadurch besonderen Einflußmöglichkeiten ausgesetzt.

Unter Berücksichtigung der Tatsache, daß die meisten der aus den Mitgliedstaaten entsandten Beamten im höheren Dienst der Verwaltung der Kommission arbeiten[7], aber auch im Hinblick auf die unmittelbare Beteiligung dieser Beamten an den Aufgaben der Kommission, die sich mit nationalen Aufgaben und Interessen überschneiden, scheint es gerechtfertigt, das Problem der doppelten Loyalität auf die im höheren Dienst der Kommission tätigen entsandten Beamten zu beschränken.

Mit dieser Arbeit soll versucht werden, die Rechtsstellung der zur EG entsandten Beamten der Mitgliedstaaten unter besonderer Berücksichtigung des Problems der doppelten Loyalität zu untersuchen, mögliche Kollisionen darzustellen und rechtliche Gestaltungsmittel zur Lösung dieses Problems zu prüfen.

---

[5] *Schröer*, S. 63.

[6] *Partsch*, S. 284.

[7] Die Anzahl der entsandten Beamten ist Schwankungen unterworfen. Nach den Angaben von *Rogalla*, Dienstrecht der EG, in: Kaiser, Mayer, Ule (Hrsg.), Recht u. System d. öff. Dienstes, Bd. 4, S. 310, 311, 355, hatte die EG Ende 1971 einen Bestand von 8718 Beamten, von denen 7382 Beamte auf die Kommission entfielen, wo ca. 1800 Beamte im höheren Dienst (Laufbahn A) tätig waren. Davon waren 38 v.H. entsandte Beamte. Auf der Stufe der Direktoren und Generaldirektoren betrug der Satz 51 bzw. 55 v.H. *Lindberg*, Political Dynamics (1963), S. 55, nennt für die Laufbahn A einen Satz von 75 v.H.; *Scheinman / Feld*, EEC and national civil servants, Intern. Org. 1972, S. 125, geben einen Satz von 60 bis 75 v.H. entsandter Beamter für den höheren Dienst an.

TEIL I

Die Systeme der nationalen Beamtenrechte

Um den Grad eines Loyalitätskonfliktes festzustellen, in dem sich ein entsandter Beamter befinden kann, bedarf es einer Erörterung, in welchem Maße der Beamte vor der Entsendung an seinen Heimatstaat gebunden ist.

Die Verpflichtung zur Loyalität gegenüber dem nationalen Dienstherrn ergibt sich aus der Konzeption des Beamtenrechts in den Mitgliedstaaten. Diese kann weitgehend nach der Zugehörigkeit der Staaten zu den großen Rechtssystemen[1] beurteilt werden.

Zum kontinentaleuropäischen Rechtskreis gehören der deutsche Rechtskreis und der romanische Rechtskreis, zu dem die Länder Frankreich, Italien und die Beneluxstaaten zu zählen sind. Die Gründungsstaaten der EG gehören also alle einem großen Rechtskreis an.

Aus dem nordischen Rechtskreis gehört zur Zeit nur Dänemark der EG an. Die skandinavischen Länder sind vom germanischen und römischen Recht beeinflußt worden, so daß sie eventuell mit in den kontinentaleuropäischen Rechtskreis aufgenommen werden könnten[2]. Da aber außerdem ein Einfluß des angloamerikanischen Rechts sowie viele landesrechtliche Eigenarten festzustellen sind, bedarf es einer besonderen Berücksichtigung dieses Rechtskreises.

Die Traditionen des auf Common Law beruhenden angloamerikanischen Rechtskreises, zu dem von den Mitgliedstaaten der EG Großbritannien und die Republik Irland gehören, sind für eine Vielzahl von internationalen Organisationen, insbesondere für die Vereinten Nationen, von maßgeblicher Bedeutung gewesen. Es bleibt abzuwarten, welchen Einfluß sie nach der Erweiterung der EG auf deren Dienstrecht haben werden.

Im folgenden soll auf die Grundkonzeption des Beamtenrechts in den drei Rechtskreisen eingegangen werden.

---

[1] Zur Einteilung vgl. *Ipsen*, Europ. Gemeinschaftsrecht, S. 1021.
[2] Vgl. *Schnitzler*, Vergl. Rechtslehre, Bd. 1, S. 244, 245.

1. Kontinentaleuropäischer Rechtskreis

Das Beamtentum im kontinentaleuropäischen Rechtskreis ist seit der Zeit der absoluten Monarchie ein besonderes Gewaltverhältnis, durch das die Rechtsbeziehungen zwischen dem Staat und dem Beamten gestaltet wurden[3].

Nach deutschem Recht ist das Beamtenverhältnis ein öffentlich-rechtliches Dienst- und Treueverhältnis[4], das durch Verwaltungsakt in der Regel auf Lebenszeit begründet wird, Beamter und Dienstherr sind durch gegenseitige Treuepflichten miteinander verbunden[5].

Zur Treuepflicht gehört, daß sich der Beamte durch sein gesamtes Verhalten innerhalb und außerhalb des Dienstes zu einer freiheitlichen demokratischen Grundordnung im Sinne des Grundgesetzes bekennt und für deren Erhaltung eintritt[6].

Als Diener des Volkes ist er an das Wohl der Allgemeinheit gebunden. Er ist zu unparteiischer Amtsführung und zur loyalen Unterstützung des Dienstherrn verpflichtet[7].

Aus der Treuepflicht des Beamten gegenüber dem Staat wird ein Streikverbot abgeleitet[8], an dem die Intensität der Bindung des Beamten an den Dienstherrn und die Verpflichtung zu einer kontinuierlichen Verrichtung der ihm übertragenen Aufgaben erkennbar werden.

Die disziplinarrechtliche Ahndung von Pflichtverletzungen[9] läßt das Interesse des Staates an der loyalen Erfüllung der den Beamten obliegenden Pflichten und an der Erhaltung der Integrität der Beamtenschaft deutlich werden.

Den Beamtenpflichten stehen Rechte, insbesondere das Recht auf angemessene Besoldung und Versorgung, gegenüber[10]. Besoldung und Versorgung erfolgen im Sinne einer Alimentation.

Im romanischen Rechtskreis spielt das französische Beamtenrecht eine führende Rolle. Die Beamteneigenschaft wird durch Ernennung und

---

[3] Vgl. *Forsthoff*, Verwaltungsrecht, Bd. 1, S. 25; *Bornemann*, Recht der Bediensteten Intern. Organisationen, S. 61; *Thomas*, Rechtsstellung, S. 44.

[4] Vgl. Art. 33 Abs. 4 GG; § 2 BRRG; § 2 BBG; *Lecheler*, Treuepflicht, ZBR 1972, S. 228; *Wiese*, Staatsdienst, S. 61 ff.

[5] *Ule*, Beamtenrecht, S. 15.

[6] Vgl. § 35 BRRG; § 52 BBG.

[7] Vgl. *Ule*, S. 140; *Wiese*, S. 172.

[8] So die h. M. Vgl. dazu die Darstellung von *Isensee*, Beamtenstreik, insb. S. 48 ff., und von *Däubler*, Streik, S. 24 - 30.

[9] Vgl. § 45 BRRG, § 77 BBG, §§ 1 - 5 BDO.

[10] Vgl. § 48 BRRG, § 79 BBG.

1. Kontinentaleuropäischer Rechtskreis

Übertragung einer Dauerfunktion im Rahmen eines öffentlich-rechtlichen Dienstverhältnisses[11] begründet.

Anders als im deutschen Beamtenrecht ist im französischen eine Treuepflicht nicht ausdrücklich normiert[12]. Das besagt aber nicht, daß für den französischen Beamten keine Treuepflicht besteht. Die Pflichten des Beamten, die mit dem Begriff der Loyalität beschrieben werden, sind nur nicht gesetzlich geregelt.

Die Loyalität ist auf den Staat bezogen und läßt sich durch die Verpflichtungen zu Gehorsam, Gesetzestreue, Neutralität, Unparteilichkeit und Amtsverschwiegenheit näher bestimmen[13].

Obwohl den französischen Beamten ein grundsätzliches Streikrecht gewährt wird[14], ist ihre Loyalitätsverpflichtung gegenüber dem Staat und seinen Gesetzen nicht weniger stark ausgeprägt als im deutschen Beamtenrecht, da das Streikrecht der französischen Beamten unter einem allgemeinen Gesetzesvorbehalt steht[15].

Ein weit entwickeltes Dispiplinarrecht[16] dient dem Dienstherrn dazu, die loyale und kontinuierliche Erfüllung der Aufgaben zu gewährleisten.

Den Pflichten des französischen Beamten entspricht ein Recht auf Besoldung, das im Sinne einer Alimentation gestaltet ist[17]. Die Versorgung der Beamten ist nach dem Beitragssystem geregelt[18].

Das Beamtenrecht in den Beneluxstaaten ist dem französischen Recht ähnlich[19]. Trotzdem soll kurz auf die Grundkonzeption des Beamtenrechts in diesen Staaten eingegangen werden.

Das belgische Beamtenverhältnis wird durch einseitigen Verwaltungsakt[20] und in der Regel auf Dauer begründet.

---

[11] Vgl. *Levy*, Frankreich, in: Kaiser, Mayer, Ule (Hrsg.), Recht u. System d. öff. Dienstes, Bd. 1, S. 56; *Tekülve*, Franz. Beamtenrecht, S. 4.

[12] *Levy*, S. 57, weist darauf hin, daß die allgemeinen Pflichten der Beamten durch die Rspr. herausgearbeitet worden sind.

[13] Vgl. *Cathérine*, Fonctionnaire, S. 117; *Tekülve*, Franz. Beamtenrecht, S. 8, 9.

[14] Vgl. die Präambeln der Verfassungen vom 27. Okt. 1946 und vom 4. Okt. 1958.
Zur geschichtlichen Entwicklung der Beamtengewerkschaften und des Streikrechts in Frankreich vgl. *Janot*, Beamtentum, AöR, Bd. 81, S. 443 ff.; *Tekülve*, Franz. Beamtenrecht, S. 39 ff.

[15] Vgl. *Levy*, S. 53; *Brückner*, Recht der Beamten der EG, S. 95.

[16] Vgl. dazu *Levy*, S. 58, 59.

[17] Vgl. dazu *Levy*, S. 71; *Tekülve*, Franz. Beamtenrecht, S. 18.

[18] Vgl. dazu *Levy*, S. 77, 78; *Tekülve*, Franz. Beamtenrecht, S. 20, 21.

[19] Vgl. dazu *Schnitzler*, S. 212, der auf den Einfluß des römischen und französischen Rechts hinweist.

[20] Vgl. *Tekülve*, Belg. Beamtenrecht, S. 6.

Der Beamte ist zur Loyalität gegenüber dem Staat sowohl durch einzelne Bestimmungen des Beamtenstatuts[21] als auch durch den Diensteid verpflichtet, mit dem er dem König Treue und der Verfassung und den Gesetzen des belgischen Volkes Gehorsam gelobt[22].

Ein Streikrecht der Beamten wird mit Hinweis auf die Notwendigkeit eines kontinuierlichen Verwaltungshandelns und eines ununterbrochenen Funktionierens der Organe des Staates abgelehnt[23].

Die Wahrung der Loyalität wird durch ein dem französischen Recht vergleichbares Disziplinarrecht gesichert. Den Pflichten steht das Recht auf Besoldung und Versorgung gegenüber, das ebenfalls nach dem Alimentationsprinzip geregelt ist[24].

Der niederländische Beamte befindet sich ebenfalls in einem öffentlich-rechtlichen Dienstverhältnis, das durch Verwaltungsakt begründet wird[25]. Die Anstellung erfolgt zunächst auf Zeit; sie kann später auf Lebenszeit ausgedehnt werden[26].

Im Vergleich zu anderen Staatsbürgern werden auch dem niederländischen Beamten besondere Pflichten auferlegt. Ein loyales Verhalten gegenüber der Verfassung und den Gesetzen und die gewissenhafte Wahrnehmung des Diensts gehören zu den wesentlichen Pflichten der niederländischen Beamten[27].

Das ausdrückliche Verbot des Streiks[28] ist für die unbedingte Bindung der Beamten an den Staat und seine Gesetze charakteristisch.

Mit dem Disziplinarrecht[29] kann der Dienstherr die loyale Erfüllung der Beamtenpflichten sichern.

Die Besoldung der niederländischen Beamten ist am Amt orientiert[30] und entspricht, wie auch die Versorgung[31], weitgehend den Regelungen im französischen und belgischen Beamtenrecht.

---

[21] Vgl. dazu *Buttgenbach*, Droit adm., S. 335.

[22] Vgl. dazu *Tekülve*, Belg. Beamtenrecht, S. 6.

[23] So die h. M. Vgl. *Buttgenbach*, S. 80; vgl. auch *Tekülve*, Belg. Beamtenrecht, S. 26, 27; *Däubler*, S. 41, 42.

[24] Vgl. *Buttgenbach*, S. 339; *Tekülve*, Belg. Beamtenrecht, S. 8.

[25] Vgl. dazu *van Herwaarden*, Beamtenrecht, ZBR 1971, S. 34; *Jeukens*, Niederlande, in: Kaiser, Mayer, Ule (Hrsg.), Recht u. System d. öff. Dienstes, Bd. 1, S. 284.

[26] Vgl. dazu *Jeukens*, S. 309; *Tekülve*, Niederl. Beamtenrecht, S. 10, 11.

[27] Art. 50 Abs. 1 ARAR umschreibt die Pflichten nur allgemein: „Der Beamte ist gehalten, die sich aus seinem Amt ergebenden Pflichten sorgfältig und geflissentlich zu erfüllen und sich so zu verhalten, wie es sich für einen guten Beamten geziemt."
Zu den Pflichten vgl. *Jeukens*, S. 311, 312.

[28] Vgl. Art. 358 (bis) des niederl. Strafgesetzbuches. Vgl. dazu *Jeukens*, S. 285, 304 ff.

[29] Vgl. dazu *Jeukens*, S. 314 ff.; *Tekülve*, Niederl. Beamtenrecht, S. 18, 19.

1. Kontinentaleuropäischer Rechtskreis

Auch beim Beamtenrecht des Großherzogtums Luxemburg läßt sich ein starker Einfluß französischer Rechtstraditionen feststellen.

Der luxemburgische Beamte befindet sich in einem öffentlich-rechtlichen Dienstverhältnis, das grundsätzlich auf Dauer eingegangen wird. Seine wesentlichen Pflichten bestehen in der Treue gegenüber dem Großherzog und dem Gehorsam gegenüber der Verfassung und den Gesetzen des Staates sowie in der exakten und unparteiischen Amtsführung[32].

Ein Streikverbot wird aus dem Katalog der Pflichten, insbesondere aus der unbedingten Unterwerfung unter die Gesetze[33] und dem Verbot, ohne Beurlaubung den Dienstposten zu verlassen[34], abgeleitet[35].

Ein nach französischem Vorbild ausgerichtetes Disziplinarrecht[36] sichert die loyale Erfüllung der Pflichten.

Zu den Rechten des Beamten gehört der Anspruch auf eine angemessene Besoldung[37] und Versorgung[38].

Das Beamtenverhältnis in Italien ist wie alle Beamtenverhältnisse im kontinentaleuropäischen Rechtskreis auch ein öffentlich-rechtliches Dienstverhältnis, das durch Verwaltungsakt begründet und grundsätzlich auf Dauer eingegangen wird[39].

Ähnlich wie im deutschen Recht obliegt den italienischen Beamten eine besondere Treuepflicht, die auf den Staat, die Verfassung und die Gesetze bezogen ist[40]. Gleichwohl ist ihnen ein grundsätzliches Streikrecht gewährt[41], dessen Praktizierung fast schrankenlos möglich ist[42].

---

[30] Vgl. dazu *Jeukens*, S. 330.
[31] Durch das Allg. Pensionsgesetz vom 1. Jan. 1966 neu geregelt; vgl. dazu *van Herwaarden*, S. 39, 40.
[32] Vgl. Art. 110 der Verfassung und Art. 2 des Gesetzes vom 8. Mai 1872 i. d. F. vom 11. Nov. 1970, Mémorial A 1970, S. 1314, die die Eidesformel enthalten; Art. 3 ff. des o. a. Gesetzes.
[33] Vgl. Art. 3 - 5 des Gesetzes über die Rechte und Pflichten der Staatsbeamten vom 8. Mai 1872 i. d. F. von 1970, Mémorial A 1970, S. 1314.
[34] Vgl. Art. 6 des o. a. Gesetzes.
[35] Vgl. dazu *Däubler*, S. 44.
[36] Vgl. Art. 26 ff. des o. a. Gesetzes.
[37] Vgl. Art. 10 des o. a. Gesetzes.
[38] Vgl. Art. 1, 3 des Gesetzes vom 26. Mai 1954, Mémorial 1954, S. 891.
[39] Vgl. *Satta*, Italien, in: Kaiser, Mayer, Ule (Hrsg.), Recht u. System d. öff. Dienstes, Bd. 1, S. 160, 161, 166, 167; *Tekülve*, Ital. Beamtenrecht, S. 8.
[40] Vgl. *Satta*, S. 170, 171; *Tekülve*, Ital. Beamtenrecht, S. 9, 11.
[41] Vgl. Art. 40 der Verfassung.
[42] Vgl. *Satta*, S. 164 - 166; *Tekülve*, Ital. Beamtenrecht, S. 28 ff., die auf die unzureichende Einschränkung des Streikrechts hinweisen.

Durch das Disziplinarrecht[43] hat der Dienstherr die Möglichkeit, Sanktionen gegen die Verletzung von Pflichten aus dem Beamtenverhältnis einzuleiten.

Die Bezüge der italienischen Beamten werden als Gegenwert für die geleisteten Dienste angesehen. Der Grundsatz der Alimentation gilt also im italienischen Beamtenrecht nicht[44].

Die Versorgung der italienischen Beamten beruht wie die der französischen auf dem Beitragssystem[45].

2. Nordischer Rechtskreis

Das Beamtenrecht Dänemarks hat ebenso wie das Beamtenrecht im kontinentaleuropäischen Rechtskreis seinen Ursprung im Regierungssystem der absoluten Monarchie[46]. In der Gestaltung des Dienstrechts ist ein starker Einfluß kontinentaleuropäischer Verwaltungstraditionen festzustellen[47]. Das Verhältnis des Staates zu seinen Beamten ist daher auch auf öffentlich-rechtlicher Grundlage geregelt[48] und sieht grundsätzlich eine dauernde Beschäftigung vor[49].

Dem öffentlich-rechtlichen Charakter des Dienstverhältnisses entsprechen auch die Pflichten[50] der dänischen Beamten. Sie haben die ihnen gestellten Aufgaben loyal und unparteiisch zu erfüllen; sie sind verpflichtet, die Verfassung zu achten, und schulden dem König Gehorsam[51]. Für die dänischen Beamten besteht kein Streikrecht[52]. Das kontinentaleuropäischen Traditionen vergleichbare Disziplinarrecht sichert die Erfüllung der beamtenrechtlichen Pflichten[53]. Den Pflichten entspricht ein Recht auf ein angemessenes Gehalt[54] und eine Ver-

---

[43] Vgl. dazu *Tekülve*, Ital. Beamtenrecht, S. 15, 16; *Satta*, S. 173.
[44] Vgl. *Satta*, S. 196; *Tekülve*, Ital. Beamtenrecht, S. 20.
[45] Vgl. *Satta*, S. 203, 204; *Tekülve*, Ital. Beamtenrecht, S. 21.
[46] Vgl. dazu *Lindgren*, State administration, Scand. Democracy 1958, S. 166.
[47] *Meyer*, Development of public administration, Rev. Int. Sc. Adm. 1960, S. 137.
[48] Vgl. *Meyer*, S. 137; *Herlitz*, Elements, S. 143; *Miller*, Government and politics, S. 168.
[49] Vgl. § 2 des Gesetzes Nr. 291 vom 18. Juni 1969.
[50] Vgl. §§ 10 ff. des Gesetzes Nr. 291 vom 18. Juni 1969; Art. 27 der Verfassung.
[51] Vgl. dazu *Lindgren*, S. 171; *Miller*, S. 168.
[52] Vgl. *Meyer*, S. 137; *Miller*, S. 169.
[53] Vgl. §§ 19 ff. des Gesetzes vom 18. Juni 1969.
[54] Den Beamten steht ein Verhandlungsrecht zu, das durch die Zentralorganisation ausgeübt wird. Verhandlungspartner ist der Minister für staatliche Besoldungs- u. Pensionsfragen; vgl. § 49 des Gesetzes Nr. 291 vom 18. Juni 1969.

3. Angloamerikanischer Rechtskreis

sorgung[55], das in Anlehnung an das allgemeine Arbeitsrecht ausgestaltet ist.

3. Angloamerikanischer Rechtskreis

Während im Beamtenrecht des kontinentaleuropäischen und des nordischen Rechtskreises das öffentliche Recht die Begründung des Beamtenverhältnisses und die Festlegung der Pflichten und Rechte bestimmte, ist für das Beamtenrecht im angloamerikanischen Rechtskreis eine andere Entwicklung zu verzeichnen.

In Großbritannien war der Staatsdienst bis zur Gründung der Civil Service Commission im Jahre 1885[56] durch Ämterpatronage und durch mangelhafte Erfüllung der Verwaltungsaufgaben gekennzeichnet. Von diesem Zeitpunkt an entwickelte sich das moderne Beamtenrecht Großbritanniens und schuf bald die Grundlagen für ein unabhängiges Beamtentum. Das englische Beamtenrecht beruht auf nicht einheitlich zusammengefaßten Regelungen in Parlamentsgesetzen, Verordnungen und im Common Law[57].

Die Anstellung der Beamten, die als Diener der Krone definiert werden[58], erfolgt in vertraglicher Form „at the pleasure of the crown"[59].

Obwohl eine Anstellung auf Lebenszeit gesetzlich nicht vorgesehen ist, haben die Beamten tatsächlich eine feste Anstellung bis zum Pensionsalter inne[60].

Zu den hauptsächlichen Pflichten der englischen Beamten gehört die Neutralität im Dienst und die Loyalität gegenüber dem jeweiligen Vorgesetzten[61].

Den englischen Beamten ist grundsätzlich ein Streikrecht gewährt, das jedoch unter dem Vorbehalt steht, daß die öffentliche Ordnung nicht gefährdet werden darf[62].

---

[55] Vgl. dazu Gesetz über die Beamtenpensionen Nr. 292 vom 18. Juni 1969.

[56] Anstoß dazu war der Northcote-Trevelyan-Report aus dem Jahre 1854, der die Mißstände in der Verwaltung aufdeckte und eine Neuorganisation und Kontrolle forderte. Vgl. dazu *Hale*, Großbritannien, in: Kaiser, Mayer, Ule (Hrsg.), Recht u. System d. öff. Dienstes, Bd. 1, S. 94 ff.; *Wade*, Adm. law, S. 21 ff.; *Loewenstein*, Staatsrecht u. Staatspraxis von Großbritannien, Bd. 1, S. 457 ff.; *Tekülve*, Civil Service, ZBR 1962, S. 297.

[57] Vgl. *Hale*, S. 113; *Loewenstein*, S. 471.

[58] Vgl. *Hale*, S. 93.

[59] Die vertragliche Strukturierung des Anstellungsverhältnisses läßt nicht ohne weiteres den Schluß auf ein Vertragsverhältnis zwischen gleichgeordneten Partnern zu. Die Bindung an die Krone spricht mehr für ein auf übergeordnetem Recht beruhendes Dienstverhältnis; vgl. dazu *Bornemann*, S. 76, Fußn. 313; *Tekülve*, ZBR 1962, S. 300 - 302.

[60] Vgl. *Hale*, S. 120; *Loewenstein*, S. 471; *Bornemann*, S. 77; *Tekülve*, ZBR 1962, S. 304, die auf die tatsächliche Stabilität des Civil Service hinweisen.

[61] Vgl. *Hale*, S. 105, 106, 121, 122; *Loewenstein*, S. 473, 474.

In diesem Zusammenhang ist zu erwähnen, daß durch das System der Whitley-Councils[63], deren Hauptaufgabe in der Zusammenarbeit mit dem Staat in allen den Civil Service betreffenden Angelegenheiten liegt[64], Beamtenstreiks weitgehend vermieden wurden[65].

Das englische Disziplinarrecht enthält ebenso wie das des kontinentaleuropäischen und nordischen Rechtskreises verschiedene Sanktionen gegen die Verletzung von Pflichten aus dem Beamtenverhältnis[66], durch die die loyale und kontinuierliche Erledigung der Aufgaben gewährleistet werden soll.

Es gehört zu den Eigenarten des englischen Beamtenrechts, daß auf die Besoldung kein Rechtsanspruch besteht[67]. Die Besoldung wird als Vergütung für die geleistete Arbeit aufgefaßt[68]. Die Versorgung erfolgt nach dem Versicherungssystem[69].

Das irische Beamtenrecht ist mit dem Recht des Civil Service in Großbritannien vergleichbar.

Die Ähnlichkeit des Beamtenrechts[70] wie überhaupt vieler Einrichtungen aus dem öffentlichen Bereich mit denen Englands läßt sich nicht nur durch die Nähe der beiden Staaten[71], sondern auch geschichtlich durch die Beherrschung Irlands durch England erklären[72]. Allerdings darf dabei nicht außer acht gelassen werden, daß die irische Republik stets das Ziel verfolgt hat, ein neues Rechtssystem zu schaffen[73], wobei insbesondere die Kodifizierung des Rechts als Unterscheidungsmerkmal hervorsticht.

Die Anstellung der irischen Beamten erfolgt „at the will and the pleasure of the government"[74]. Trotz dieser Anstellungsformel ist die

---

[62] Vgl. *Hale*, S. 118, der darauf hinweist, daß für die Zeit der Abwesenheit vom Dienst infolge Streiks kein Gehaltsanspruch besteht.

[63] Vgl. dazu *Tekülve*, ZBR 1962, S. 305. Die Councils sind je zur Hälfte von Beamten, die von der Regierung (Schatzamt) ernannt sind, und von Vertretern der Beamtengewerkschaften besetzt.

[64] Dazu näher *Tekülve*, ZBR 1962, S. 305; *Loewenstein*, S. 472, 473.

[65] Vgl. dazu *Däubler*, S. 58; *Loewenstein*, S. 473.

[66] Vgl. dazu *Hale*, S. 122, 123.

[67] Vgl. dazu *Tekülve*, ZBR 1962, S. 303.

[68] Vgl. *Hale*, S. 143.

[69] Vgl. dazu *Hale*, S. 150, 151, der darauf hinweist, daß das Versorgungssystem durch das Versorgungsgesetz von 1972 neu geregelt ist.

[70] Vgl. *Finlay*, Fonction publique irlandaise, Rev. Int. Sc. Adm. 1968, S. 30, 31, und *Langrod / Clifford-Vaughan*, L'Irlande, S. 245, 247, die auf die Anlehnung an dienstrechtliche Traditionen Großbritanniens und deren Weiterentwicklung hinweisen.

[71] Darauf weist *Donaldson*, Comparative aspects, S. 34, hin.

[72] Vgl. *Langrod / Clifford-Vaughan*, S. 231.

[73] *Donaldson*, S. 35.

[74] Vgl. Civil Service Regulation Act 1956, Section 5.

Sicherheit des established civil servant mit der eines auf Lebenszeit angestellten Beamten vergleichbar[75].

Die wesentlichen Pflichten der irischen Beamten bestehen in der unparteiischen und loyalen Erfüllung der ihnen übertragenen Aufgaben[76]. Das Streikrecht der irischen Beamten unterliegt Einschränkungen, durch die die Erfüllung der Pflichten und die Kontinuität der Verwaltung gesichert werden sollen[77].

Die Ahndung von Pflichtverstößen durch Disziplinarmaßnahmen[78] hebt das Interesse des Dienstherrn an einer gewissenhaften Erfüllung der Beamtenpflichten hervor.

Die Besoldung und Versorgung ist der des englischen Systems vergleichbar[79].

4. Zusammenfassung

Vergleicht man die Rechtsstellung der Beamten in den Mitgliedstaaten der EG nach der Einteilung in Rechtskreise, so läßt sich folgendes feststellen:

Die Beamten im kontinentaleuropäischen Rechtskreis befinden sich in einem durch die übergeordnete Stellung des Staates geprägten öffentlich-rechtlichen Dienstverhältnis. Diese Position ist im deutschen Beamtenrecht und — was den romanischen Rechtskreis anbetrifft — im französischen, italienischen, niederländischen, belgischen und luxemburgischen Beamtenrecht vergleichbar stark ausgeprägt.

Die Pflichten und Rechte der Beamten sind entsprechend dem öffentlich-rechtlichen Dienstverhältnis geregelt. Die Beamten sind gegenüber dem Staat, seiner Verfassung und seinen Gesetzen zur Loyalität verpflichtet.

Diese Verpflichtung ist in den Mitgliedstaaten besonders stark ausgeprägt, in denen der Streik verboten ist. Aber auch in den Mitgliedstaaten, die ein Streikrecht grundsätzlich anerkennen, behält die Loyalitätsverpflichtung gegenüber dem Staat durch die Regelung der Ausübung des Streikrechts, insbesondere durch die Bindung an die

---

[75] Vgl. *Finlay*, Civil Service, S. 44, 45.
[76] Vgl. *Finlay*, Fonction publique irlandaise, S. 29, 30; *Finlay*, Civil Service, S. 42, 43, 51.
[77] Vgl. *Finlay*, Civil Service, S. 42; ders., Fonction publique irlandaise, S. 29, 30; *Langrod / Clifford-Vaughan*, S. 253; vgl. auch Civil Service Regulation Act, 1956, Section 16, wonach das unerlaubte Fernbleiben vom Dienst eine Kürzung der Besoldung nach sich zieht.
[78] Vgl. Civil Service Regulation Act, 1956, Sections 13 und 15; vgl. auch *Finlay*, Civil Service, S. 43, 44.
[79] Vgl. dazu *Finlay*, Civil Service, S. 36 ff., 46 ff.

Gesetze und an den Grundsatz der Kontinuität der Verwaltung, den absoluten Vorrang vor der freiheitlicheren Ausgestaltung des Beamtenverhältnisses.

Die rechtlich vorgesehene Möglichkeit disziplinarrechtlicher Sanktionen gegen die Verletzung von Pflichten läßt das Interesse des Dienstherrn und des Staates an einer loyalen Erfüllung der den Beamten obliegenden Verpflichtungen erkennen.

Als Recht gegenüber dem Staat besteht ein Anspruch auf angemessene Besoldung und Versorgung.

Die Grundkonzeption des modernen dänischen Beamtenrechts deckt sich weitgehend mit beamtenrechtlichen Traditionen des kontinentaleuropäischen Rechtskreises. Sie besteht einerseits in einer starken Loyalitätsverpflichtung gegenüber dem Staat, die durch das Fehlen eines Streikrechts und durch das Disziplinarrecht näher charakterisiert wird, andererseits in der Gewährung einer angemessenen Besoldung und Versorgung.

Im angloamerikanischen Rechtskreis ist die Stellung der Beamten de jure zwar nicht so stabil wie im kontinentaleuropäischen Rechtskreis. De facto befinden sich die Beamten in Großbritannien und in der Republik Irland aber in einem Dienstverhältnis, das nach Status und Stabilität mit dem Beamtenverhältnis kontinentaleuropäischer Auffassung vergleichbar ist.

Es bestehen im wesentlichen die gleichen Loyalitätsverpflichtungen gegenüber den verfassungsmäßigen Institutionen des Staates. Die Einschränkungen des grundsätzlich gewährten Streikrechts geben der Loyalität gegenüber dem Staat den Vorrang. Das Disziplinarrecht dient der Sicherung einer loyalen Erfüllung der Pflichten.

Hinsichtlich der Besoldung und Versorgung werden den Beamten Rechte eingeräumt, die denen ihrer Kollegen aus dem kontinentaleuropäischen Rechtskreis vergleichbar sind. Die Verpflichtung der Beamten zur Loyalität gegenüber dem Dienstherrn, der Verfassung und den Gesetzen des Staates ist damit fundamentaler Bestandteil des Beamtenrechts der Mitgliedstaaten der EG.

TEIL II

Das Beamtenrecht der EG

Mit dem Eintritt in den Dienst der EG werden die Beamten unabhängig davon, ob sie freie Bewerber oder entsandte Beamte sind, zur Loyalität gegenüber der EG verpflichtet.

Um die Loyalitätsverpflichtung des Dienstverhältnisses bei der EG darzustellen und um Kollisionen mit dem nationalen Beamtenrecht aufzeigen zu können, soll auf die Rechtsstellung der Beamten nach dem Statut der Beamten der EG eingegangen werden.

1. Entwicklung des Dienstrechts der EG

Die aus dem kontinentaleuropäischen Rechtskreis stammenden beamtenrechtlichen Traditionen haben das Dienstrecht der EG wesentlich geprägt. Wie schon das Personalstatut der Montanunion, das in vieler Hinsicht als Vorbild für das der EG diente, ist auch das Statut der Beamten der EG stark vom französischen und deutschen Beamtenrecht beeinflußt[1].

Die in den Gründungsstaaten der EG vorherrschende Konzeption des öffentlich-rechtlichen Dienst- und Treueverhältnisses bot sich auch für das Beamtenrecht der EG an.

Das Bemühen der damaligen Mitgliedstaaten, das Beamtenrecht der EG in möglichst weitgehender Übereinstimmung mit den eigenen beamtenrechtlichen Traditionen zu gestalten, mußte notwendigerweise zu einem Kompromiß führen[2].

Das Dienstrecht der Vereinten Nationen, das an das des Völkerbundes angelehnt ist und hauptsächlich dem angloamerikanischen Rechtskreis entstammt, war auf die Gestaltung des Beamtenrechts der EG ohne wesentlichen Einfluß[3].

---

[1] Vgl. dazu *Partsch*, Europ. Bedienstete u. Anstellungsgemeinschaften, DÖV 1961, S. 281, 282; *Holtz*, Handbuch, Vorb. 3; *Holtz*, Europäische Behörden, in: Dt. Gesellschaft f. Ausw. Politik (Hrsg.), Regionale Verflechtung, S. 220; *Bruns*, Beamtenstatut, ZBR 1962, S. 311; *Ophüls*, Problem des europ. Beamtenrechts, DÖV 1964, S. 589; *Euler*, Kommentar, Bd. 1, Einl. I, 1; *Brückner*, Recht der Beamten der EG, S. 15.

[2] Vgl. dazu *Holtz*, Europäische Behörden, S. 220.

Allerdings haben neben dem Statut der Montanunion auch diejenigen Regelungen des Personalstatuts der Vereinten Nationen, die sich mit den besonderen Gegebenheiten des Dienstes in einer internationalen Behörde befassen, zum Beispiel die Einstellung von Personal unter Beachtung des Nationalitätenproporzes, die ausschließlich auf den internationalen Dienstherrn auszurichtende Loyalität und die Gewährung von Vorrechten und Befreiungen, bei den Arbeiten zum Statut für die Beamten der EG als Vorbild gedient.

2. Rechtsstellung nach dem Beamtenstatut

a) Begründung des Dienstverhältnisses

Die Einstellung in den Dienst wird durch die Organe der EG vorgenommen, die in Personalangelegenheiten grundsätzlich autonom sind[4].

Die Ernennung zum Beamten erfolgt durch Aushändigung einer Urkunde unter Einweisung in eine Dauerplanstelle[5]. Obwohl die Ablegung eines Eides oder die Abgabe einer entsprechenden Erklärung nicht vorgesehen ist[6], entspricht die Ernennung im wesentlichen den Rechtstraditionen in den Mitgliedstaaten und beruht auch dadurch, daß der Inhalt des Anstellungsverhältnisses nicht zur Disposition steht, auf öffentlichem Recht[7].

b) Einstellungsgrundsätze

Im Unterschied zur Einstellung eines Beamten in den öffentlichen Dienst eines Mitgliedstaates wird die Einstellung in den Dienst der EG

---

[3] Vgl. dazu *Kordt*, Funktionär, in: Festschr. Kaufmann, S. 202; *Barandon*, Rechtsstellung, S. 11, 18; *Ophüls*, S. 589; *Euler*, Kommentar, Einl. I, 1; *Lane* Dienstrecht der VN, ZVerN 1972, S. 173.

[4] Vgl. Art. 24 FusV; Art. 2; 7 Abs. 1 Statut; *v. Oertzen*, Entsendung, DÖV 1966, S. 535.

[5] Vgl. Art. 1 Statut; *Bruns*, S. 313; *Euler*, Kommentar, Anm. zu Art. 1.
Die Voraussetzungen der Ernennung regelt Art. 28 Statut; vgl. dazu *Brückner*, S. 16, 17, und *Bruns*, S. 314, die insbesondere auf das Auswahlverfahren (Art. 29, 30 u. Anhang III d. Statuts) eingehen; bei der Einstellung von Beamten der Besoldungsgruppen A 1 und A 2 sowie in Ausnahmefällen kann von dem Auswahlverfahren abgesehen werden, Art. 29 Abs. 2 Statut.
Von dem Grundsatz, daß nur Staatsangehörige der Mitgliedstaaten eingestellt werden können, sind Ausnahmen zulässig, vgl. Art. 28 a Statut.
Rogalla, Beruf des Europabeamten, ZfZVSt 1966, S. 133; *Coombes*, Politics, S. 143 ff., weisen auf die direkte Einstellung von Hilfskräften als Beamte auf Zeit hin, die nach der Teilnahme an einem Auswahlverfahren in eine Dauerfunktion übernommen werden.

[6] Vgl. dazu *Bruns*, S. 313; *Bornemann*, S. 34.

[7] Vgl. dazu *Partsch*, S. 282, 284; *v. Oertzen*, S. 534; *Brückner*, S. 16; *Kern*, Rechtsstellung, in: Kordt, Gaudemet, Kern, Europ. Beamte, S. 76, 77.

2. Rechtsstellung nach dem Beamtenstatut

nach bestimmten Grundsätzen vorgenommen, die für den internationalen Dienst typisch sind.

In Anbetracht der Tatsache, daß Herkunft und Arbeitsweise der Bediensteten die Arbeit in den Behörden der EG prägen, war die Aufstellung von Grundsätzen notwendig, weil einerseits die Mitgliedstaaten darauf bestehen, durch ihre Beamten in der Gemeinschaft angemessen repräsentiert zu sein, andererseits jedoch ein nationales Übergewicht im Interesse einer uneingeschränkten Handlungsfähigkeit der Organe vermieden werden muß. Allerdings werden die Grundsätze, wie sich zeigen wird, durch die Entsendung teilweise durchbrochen.

aa) Eignungsprinzip

Oberste Grundsätze für die Einstellung sind, daß die Beamten in bezug auf Befähigung, Leistung und Integrität höchsten Ansprüchen genügen müssen und unter den Staatsangehörigen der Mitgliedstaaten auf breiter geographischer Grundlage auszuwählen sind[8]. Die Auswahl der einzustellenden Beamten soll ohne Rücksicht auf Rasse, Glauben oder Geschlecht erfolgen[9]. Außerdem ist festgelegt, daß kein Dienstposten den Angehörigen eines bestimmten Mitgliedstaates vorbehalten bleiben darf[10].

Die Forderung nach einem Höchstmaß an Eignung des einzustellenden Beamten (Eignungsprinzip) und die nach einer Auswahl auf möglichst breiter geographischer Grundlage (Nationalitätenproporz) stehen jedoch in einem inneren Widerspruch[11].

bb) Nationalitätenproporz

Während das Eignungsprinzip der Befähigung, Leistung und Integrität des Beamten die Priorität zubilligt, soll durch den Nationalitätenproporz die gleichmäßige nationale Beteiligung gewahrt werden, die sowohl quantitativ als auch qualitativ zu verstehen ist[12].

---

[8] Art. 27 Abs. 1 Statut.

[9] Art. 27 Abs. 2 Statut; vgl. dazu *Euler*, Kommentar, Anm. A (3) zu Art. 27, der hervorhebt, daß in diesem Gebot das Verbot jeder Diskriminierung enthalten ist.

[10] Art. 27 Abs. 3. Statut.

[11] *Partsch*, S. 284, sieht darin ein natürliches Spannungsverhältnis; vgl. dazu auch *Langrod*, Fonction publique, S. 191 ff.; *Ophüls*, S. 589, die ebenfalls auf die Polarität hinweisen.

[12] Vgl. dazu *Rogalla*, Dienstrecht der EG, in: Kaiser, Mayer, Ule (Hrsg.), Recht u. System d. öff. Dienstes, Bd. 4, S. 311; die VN haben im Gegensatz zur EG für die Besetzung der Stellen unter Beachtung des Nationalitätenproporzes ein besonderes System der Stellenbewertung entwickelt, das den

Es besteht dabei die Gefahr, daß unqualifizierte Kräfte aufgrund des Nationalitätenproporzes Eingang in den Dienst der EG finden oder daß Bewerber nicht wegen ihrer mangelnden Qualifikation, sondern wegen ihrer Nationalität abgelehnt werden[13].

Schon daran läßt sich erkennen, in welchem Maße die Einstellungsmaxime des Artikel 27 aufgrund der ihr immanenten Spannung ein Problem des Dienstes in der EG ist[14].

In jedem Fall ist der Nationalitätenproporz der Durchsetzung des Leistungsprinzips hinderlich[15] und hat damit nicht nur Auswirkungen auf die Struktur, sondern auch auf die Qualität des Dienstes in der EG.

c) Beamtenpflichten

aa) Loyalität

Mit der Einstellung werden dem Beamten besondere Pflichten auferlegt. Als grundsätzliche Pflicht ist festgelegt, daß er sich bei der Ausübung seines Amtes und in seinem Verhalten ausschließlich von den Interessen der EG leiten zu lassen hat. Er darf von keiner Regierung, Behörde, Organisation oder Person außerhalb des Gemeinschaftsorgans, in dem er tätig ist, Weisungen anfordern oder entgegennehmen[16].

Die Verpflichtung, sowohl bei der Ausübung des Amtes als auch im außerdienstlichen Verhalten ausschließlich den Interessen der Gemeinschaft zu dienen[17], wird durch eine Reihe von Pflichten konkretisiert.

So ist dem Beamten zum Beispiel die Übernahme einer mit den Aufgaben der EG unvereinbaren Tätigkeit grundsätzlich untersagt[18]. Darunter fallen Tätigkeiten wirtschaftlicher und politischer Art, nicht

---

quantitativen und qualitativen Aspekten Rechnung trägt. Vgl. dazu *Jüttner*, Nationalitätenverteilung, ZVerN 1972, S. 183, 184 und UN-Doc. A/5270 v. 24. 10. 1962, S. 19 ff.; UN-Doc. A/8156 v. 12. 11. 1970.

[13] Darauf weist nachdrücklich *Partsch*, S. 284, hin.

[14] *Holtz*, Europäische Behörden, S. 222, sieht den Nationalitätenproporz als Naturgesetz einer internationalen Bürokratie an; *Young*, International civil service, S. 110, vergleicht ihn mit der Aufstellung für ein internationales Fußballspiel; *Coombes*, European Civil Service, S. 17, hebt zu Recht hervor, daß von einer guten Lösung dieses Problems die Glaubwürdigkeit der Kommission als internationale Behörde abhängt.

[15] *Partsch*, S. 284, der für eine Beschränkung des Nationalitätenproporzes eintritt.

[16] Art. 11 Abs. 1 Statut.

[17] Vgl. dazu *Brückner*, S. 39; *Euler*, Kommentar, Anm. A (1) zu Art. 11; *Ruzié*, Fonctionnaires intern., S. 7.

[18] Vgl. Art. 12 Statut.

2. Rechtsstellung nach dem Beamtenstatut

aber die bloße Mitgliedschaft in einer politischen Partei[19]. Sogar eine eventuelle berufliche Erwerbstätigkeit des Ehegatten muß mit der Tätigkeit des anderen Ehegatten in der EG vereinbar sein[20].

Die Bearbeitung von Angelegenheiten, an deren Behandlung oder Erledigung der Beamte ein persönliches Interesse hat, das seine Unabhängigkeit beeinträchtigen könnte, ist gegenüber der Anstellungsbehörde anzeigepflichtig[21]. Über die Wahrnehmung eines Amtes, das ein Beamter nach Ausübung seines passiven Wahlrechts bekleiden kann, entscheidet die Anstellungsbehörde unter Abwägung der sich aus dem Amt ergebenden Pflichten mit den Dienstpflichten als Beamter der EG[22].

Die nähere Ausgestaltung der Pflichten zeigt, daß die Anstellungsbehörde die Bestimmung des Gemeinschaftsinteresses nicht dem Beamten überlassen will[23].

bb) Unabhängigkeit

Die Pflichten des Beamten, die der Konzeption eines öffentlich-rechtlichen Dienst- und Treueverhältnisses kontinentaleuropäischer Auffassung entsprechen, können unter dem Begriff der Loyalität gegenüber der EG und dem Gebot der Unabhängigkeit vom Heimatstaat oder anderen Stellen außerhalb des Anstellungsorgans zusammengefaßt werden.

Die Loyalitätsverpflichtung scheint insbesondere angesichts des Gebotes, ausschließlich die Interessen der EG zu fördern, darauf abzuzielen, den Beamten den nationalen Bindungen zu entziehen und zu europäisieren[24].

Da die Bindungen des Beamten an seinen Heimatstaat aber nie ganz ausgeschaltet werden können, kann es keinen durch Vorschriften in einem Beamtenstatut europäisierten bzw. internationalisierten Menschen geben[25]. Persönliche Beziehungen zu Freunden und Kollegen und

---

[19] Vgl. dazu *Euler*, Kommentar, Anm. A (2), A (3) zu Art. 12.
[20] Art. 13 Statut.
[21] Art. 14 Statut.
[22] Art. 15 Statut.
[23] Vgl. dazu *Euler*, Kommentar, Anm. A (1) zu Art. 11.
[24] Vgl. dazu *Basdevant*, Fonctionnaires internationaux, S. 108, die aus den ähnlich gefaßten Verpflichtungen in den Statuten internationaler Organisationen den Verdacht einer Internationalisierung der Beamten ableitet. Vgl. dazu auch *Loveday*, Reflections, S. 32, 33; *Hammarskjoeld*, Intern. civil servant, in: Jordan, Intern. Administration, S. 247, 263; *Ruzié*, S. 8; *Daussin*, Europ. öff. Dienst, EurArchiv 1960, S. 665, der darauf hinweist, daß sich die Loyalität auf eine Mehrheit von Staaten bezieht, die bisher zu keiner staatlichen Einheit zusammengewachsen sind.

politische und religiöse Überzeugungen sind stärker als die Bindungen des Dienstverhältnisses mit der EG[26].

Das Ziel der Bindungen des Beamten kann daher nur darin gesehen werden, ihn zu einem Höchstmaß an Loyalität gegenüber dem Anstellungsorgan und damit zu einer Vorrangigkeit der Pflichten gegenüber der Gemeinschaft zu verpflichten, ohne die ein Funktionieren der Gemeinschaft nicht möglich ist.

cc) Voraussetzungen für die Erfüllung der Pflichten

Die Verpflichtung zu einer ausschließlich auf die Gemeinschaft auszurichtenden Loyalität und zur Unabhängigkeit von Einflüssen von dritter Seite stellt hohe Anforderungen an persönliche und charakterliche Eigenschaften der Beamten, insbesondere, wenn diese als entsandte Beamte nur vorübergehend bei der EG tätig sind.

Eine wahrhaftige Erfüllung dieser Verpflichtung kann nur auf einem freiwilligen eigenen Entschluß begründet sein. Sie setzt einen europäischen Geist und eine psychologische Grundeinstellung voraus[27], die auf der Einsicht beruhen, daß die Zusammenarbeit aller Mitgliedstaaten und der Ausbau der jetzigen Gemeinschaft zu einer politischen Union zur Lösung der immer mehr über die Festlegung in den Verträgen hinauswachsenden Aufgaben unverzichtbar sind.

Die sich auf diesen Grundlagen bildende Überzeugung, daß bei der Arbeit für die EG die Berücksichtigung und Abwägung der Interessen aller Mitgliedstaaten nicht nur dem Interesse der Gemeinschaft, sondern auch zugleich dem Herkunftsstaat dient[28], ist die Voraussetzung für eine ausschließlich auf die Gemeinschaft ausgerichtete Loyalität. Da bei einer solchen inneren Einstellung der Vorrang des Gemeinschaftsinteresses ein feststehendes psychologisch verankertes Element ist, stehen Bindungen des Beamten zu seinem Herkunftsland der Loyalitätsverpflichtung nicht entgegen. Diese Haltung des Beamten ist freilich immer wieder Belastungs- und Bewährungsproben ausgesetzt, die nur

---

[25] Vgl. *Basdevant*, S. 108; *Langrod*, S. 79; *Kordt*, S. 208.

[26] *Partsch*, S. 287; vgl. auch *Ipsen*, Europ. Gemeinschaftsrecht, S. 1001; *van Binsbergen*, Ervaringen, RMTh 1964, S. 425.

[27] Vgl. dazu *Langrod*, S. 79, der drei Grundlagen für den internationalen Dienst fordert: conception idéologique internationale, esprit international, loyauté internationale. Entsprechende Anforderungen müssen auch an die europäischen Beamten gestellt werden. Vgl. dazu *v. Plehwe*, Intern. Organisationen, S. 87 ff.; *Basdevant*, S. 165; *Bedjaoui*, Fonction publique, S. 148, 149, 150; *Trombetas*, Loyalty, RHDI 1965, S. 70, 71; *Rauschning*, Unabhängigkeit und Bindungen, in: Festschr. Wacke, S. 48; *Loveday*, Reflections, S. 114, 115; *Friedrich*, Europa, S. 250.

[28] Vgl. dazu *v. Plehwe*, S. 87.

durch die grundsätzliche Verlagerung seiner Loyalität und Tätigkeit auf die Ebene der Gemeinschaft bestanden werden können.

Neben den psychologischen und charakterlichen Eigenschaften[29], die notwendig sind, um der Loyalitätsverpflichtung nachzukommen, muß der Beamte auch die geistige Fähigkeit besitzen, in den Sachfragen seines Gebietes in Abwägung der Partikularinteressen das Interesse der Gemeinschaft zu ermitteln.

Vergleicht man die Pflichten des europäischen Beamten mit denen seiner nationalen Kollegen, so ist festzustellen, daß die Verpflichtung zur Loyalität gegenüber der Anstellungsbehörde den beamtenrechtlichen Auffassungen in den Mitgliedstaaten entspricht. Die Erfüllung der Loyalitätspflicht und die Wahrung der Unabhängigkeit ist für den europäischen Beamten allerdings wesentlich schwieriger. Die Schwierigkeiten sind hauptsächlich in den häufigen Konflikten von Gemeinschaftsinteresse und nationalem Interesse begründet, die insbesondere problematisch werden, wenn in einem konkreten Fall der beteiligte Beamte aus dem Mitgliedstaat stammt, der gerade mit der Gemeinschaft den Interessenkonflikt austrägt.

Das Fehlen eines Streikrechts und ein im wesentlichen von französischen und deutschen Rechtsvorstellungen geprägtes Disziplinarrecht[30] mit seinen Sanktionen gegen Pflichtverletzungen aus dem Beamtenverhältnis[31] charakterisieren die besondere Stellung der Loyalitätsverpflichtung der europäischen Beamten und das Interesse des Dienstherrn an einer ungestörten Funktion des Dienstes[32].

d) Beamtenrechte

aa) Vorrechte und Befreiungen

Den besonderen Anforderungen im Bereich der Pflichten entspricht die Gewährung besonderer Rechte, von denen zuerst die Vorrechte und Befreiungen auffallen[33], die den höheren Beamten der EG[34] einen eingeschränkten Diplomatenstatus verleihen[35].

---

[29] Vgl. dazu *Guetzkow*, Multiple loyalties, S. 15; *Rauschning*, S. 48.
[30] Vgl. *Bruns*, S. 344, der insbesondere auf den Einfluß des französischen Rechts hinweist.
[31] Disziplinarordnung in Art. 86 - 89 Statut.
[32] *Rogalla*, Dienstrecht der EG, S. 328, hebt hervor, daß Disziplinarmaßnahmen bisher in der Praxis selten vorgekommen sind. Als Grund nennt er die internationale Zusammensetzung der Verwaltungsbehörde der Kommission und die damit verbundene Gefahr, daß in Disziplinarmaßnahmen Diskriminierungen gesehen werden können.
[33] Vgl. Art. 23 Statut und Protokoll über die Vorrechte u. Befreiungen der EWG, BGBl. 1957, Teil II, S. 1182.
[34] In Besoldungsgruppen A 4 - A 1; vgl. Art. 23 Abs. 3 Statut.

Die Vorrechte und Befreiungen bestehen im wesentlichen aus der Immunität von der Gerichtsbarkeit in bezug auf alle in amtlicher Eigenschaft vorgenommenen Handlungen einschließlich mündlicher und schriftlicher Äußerungen, der Befreiung von Einwanderungsbeschränkungen, aus Erleichterungen auf dem Gebiet der Vorschriften des Währungs- und Devisenrechts und aus dem Recht, Wohnungseinrichtung und persönliche Gebrauchsgegenstände bei Dienstantritt zollfrei einzuführen. Der Befreiung von innerstaatlichen Steuern hinsichtlich der von der EG gezahlten Gehälter und Bezüge wird ein eigenes Besteuerungsrecht der EG entgegengesetzt[36].

Die Vorrechte und Befreiungen werden ausschließlich im Interesse der EG gewährt und können aufgehoben werden; sie sollen die Unabhängigkeit der Beamten stärken und ihre Arbeit für die Gemeinschaft fördern[37]. In keinem Fall sollen sie dem Beamten zum persönlichen Vorteil[38] gereichen, und sie entbinden ihn auch nicht davon, gesetzliche und polizeiliche Vorschriften zu befolgen.

bb) Besoldung, Versorgung

Neben diesen für ein internationales Dienstverhältnis typischen Rechten haben die europäischen Beamten einen Anspruch auf Besoldung[39] und Versorgung[40].

Aufgrund der Ernennung hat der Beamte einen unverzichtbaren Anspruch[41] auf Dienstbezüge, die im Vergleich zur Besoldung in den Mitgliedstaaten höher liegen und mit der deutschen Auslandsbesoldung verglichen werden können[42]. Die höhere Besoldung ist insbesondere durch die höheren Anforderungen und die zusätzlichen Leistungen, die der Dienst in einer internationalen Behörde mit sich bringt, gerechtfertigt[43]. Die Familienzulagen[44] und anderen Zulagen[45] sind insbeson-

---

[35] *Brückner*, S. 60; *Michaels*, Intern. privileges, S. 162.

[36] Der Grund für diese Regelung ist die Vermeidung einer Doppelbesteuerung. Vgl. dazu *Euler*, Kommentar, Anm. (2) zu Art. 23; Gemeinschaftssteuer durch VO der Räte Nr. 32 (EWG), Nr. 12 (EAG) v. 18. 12. 1961, ABl. 1961, S. 62.

[37] Vgl. dazu *Hahn*, Einführung, in: Kaiser, Mayer, Ule (Hrsg.), Recht u. System d. öff. Dienstes, Bd. 4, S. 42; *Brückner*, S. 61; *Kordt*, S. 206; *Michaels*, S. 106 ff., 162 ff.

[38] *Brückner*, S. 61, weist darauf hin, daß die Vorrechte und Befreiungen von dem Beamten im Klageweg vor dem EuGH durchgesetzt werden können.

[39] Art. 62 ff. Statut.

[40] Art. 77 ff. Statut.

[41] Art. 62 Abs. 2 Statut.

[42] Vgl. dazu *Bruns*, S. 341.

[43] Vgl. dazu *Rogalla*, Dienstrecht der EG, S. 341, 342.

2. Rechtsstellung nach dem Beamtenstatut

dere durch die schwierigen Lebensbedingungen und die Schul- und Erziehungsprobleme im Ausland begründet.

Um stets eine funktionsgerechte Besoldung vornehmen zu können, überprüft der Rat jährlich das Besoldungsniveau der Beamten und sonstigen Bediensteten anhand eines Berichtes der Kommission[46].

Der Anspruch auf Versorgung entsteht nach Ableistung von mindestens zehn Dienstjahren bzw. unabhängig von der Dauer der Dienstzeit mit der Vollendung des sechzigsten Lebensjahres[47].

Das Ruhegehalt wird aus dem Haushalt der Gemeinschaft gezahlt[48]. Zur Finanzierung tragen die Beamten mit einem monatlichen Betrag von 6,75 v.H. ihres Grundgehaltes bei[49].

cc) Personalvertretungs- und Mitspracherecht

Neben den individuellen Rechten des Beamten, die sich aus dem Dienstverhältnis ergeben, gewährt das Statut auch den Beamten in ihrer Gesamtheit besondere Rechte.

Die Praktizierung des Personalvertretungs- und Mitspracherechts hat sowohl auf das Dienstrecht als auch auf die Personalpolitik der Kommission einen wesentlichen Einfluß ausgeübt.

Die Personalvertretung hat die Aufgabe, die Interessen des Personals gegenüber dem Organ wahrzunehmen und für eine ständige Verbindung zwischen dem Personal und dem Organ zu sorgen[50], wobei sie die Meinung eines repräsentativen Querschnitts vertreten soll[51].

An der Meinungsbildung sind die Gewerkschaften und Berufsverbände der europäischen Beamten maßgeblich beteiligt. Die erst in neuerer Zeit erfolgte De-jure-Anerkennung des Koalitionsrechts[52] stellt ihre Arbeit in einen rechtlichen Rahmen[53].

---

[44] Vgl. Art. 67 Statut.
[45] Vgl. dazu *Brückner*, S. 57.
[46] Art. 65 Statut.
[47] Art. 77 Statut. — Die Jahre der Vor- und Ausbildung sowie die Zeit im nationalen öffentlichen Dienst bleiben unberücksichtigt; vgl. dazu *Bruns*, S. 343. Eine Ausnahme läßt Art. 107 Statut zu.
[48] Art. 83 Statut.
[49] Vgl. dazu *Rogalla*, Dienstrecht der EG, S. 349.
[50] Art. 9 Statut; zur näheren Funktion und Mitwirkung in den verschiedenen Ausschüssen vgl. *Rogalla*, Dienstrecht der EG, S. 315 ff.; *Rogalla*, Beteiligung und Mitsprache, in: Festschr. Hefermehl, S. 215 ff.; *Brückner*, S. 86 ff.
[51] Vgl. dazu *Euler*, Kommentar, Anm. A (2) zu Art. 9.
[52] Art. 24 a Statut.

Die tatsächliche Ausweitung des Personalvertretungs- und Mitspracherechts[54], die bis zur Inanspruchnahme des Streikrechts geht[55], macht eine Tendenz der Entwicklung des europäischen Beamtenrechts zu größerer Eigenständigkeit deutlich.

3. Zusammenfassung

Stellt man die Pflichten und Rechte der europäischen Beamten gegenüber, so ist festzustellen, daß den im Vergleich zum nationalen Beamtenrecht höheren Anforderungen im Bereich der Pflichten, insbesondere der Verpflichtung zur Loyalität und Unabhängigkeit, auch besondere Rechte gegenüberstehen, wie zum Beispiel die Vorrechte und Befreiungen, die im Vergleich zum nationalen Dienst höhere Besoldung, die Versorgung und von den kollektiven Rechten das tatsächlich ausgeprägtere Personalvertretungs- und Mitspracherecht.

Es ergibt sich damit insgesamt eine Ausgewogenheit des europäischen Beamtenverhältnisses, in deren Mittelpunkt die Verpflichtung zu einer ausschließlich auf die Gemeinschaft auszurichtenden Loyalität steht.

---

[53] Zur Entwicklung des Koalitionsrechts vgl. *Brückner*, S. 93, 94; *Rogalla*, Beteiligung und Mitsprache, S. 221, 222; *Rogalla*, Dienstrecht der EG, S. 319 ff.

[54] *Rogalla*, Beteiligung und Mitsprache, S. 226, bezeichnet den Einfluß von Personalvertretungen, Gewerkschaften und Berufsverbänden als umgekehrt proportional zum Inhalt der Rechtsvorschriften.

[55] Dazu näher unten Teil IV, 2. a).

TEIL III

Das System der Entsendung in den Mitgliedstaaten

1. Darstellung der Entsendungsvorschriften

Die Erfüllung der Verpflichtung zur Loyalität und die Wahrung der Unabhängigkeit von Einflüssen außerhalb des Anstellungsorgans stellt an den Beamten, der sich für einen ausschließlichen Dienst für die EG entschieden hat, hohe Anforderungen. Ungleich schwieriger wird die Erfüllung dieser Verpflichtung für einen Beamten, der unter Aufrechterhaltung seines nationalen Beamtenverhältnisses auf begrenzte Dauer in die EG entsandt wird. Eine Kollision der verschiedenen Pflichten gegenüber dem europäischen und dem nationalen Dienstherrn scheint letztlich nur durch eine Beendigung des einen oder des anderen Beamtenverhältnisses möglich zu sein[1].

Um die bei einer Entsendung möglichen Kollisionen im Bereich der nach beiden Beamtenverhältnissen bestehenden Loyalitätsverpflichtungen untersuchen zu können, soll die sich aus den Entsendungsvorschriften der Mitgliedstaaten ergebende Rechtsstellung der Beamten dargestellt werden[2].

Die Entsendungsvorschriften der Mitgliedstaaten lehnen sich im wesentlichen an das seit der Gründung internationaler Organisationen praktizierte System an. Dieses bestand darin, daß den Beamten, die zur Dienstleistung bei einer internationalen Organisation vorgesehen waren, für die Dauer der Entsendung unbezahlter Urlaub gewährt wurde. Nach Ablauf der Zeit sollte der Beamte in den Dienst der nationalen Behörde zurückübernommen werden.

Diese Praxis spiegelt sich in den Entsendungsvorschriften der Mitgliedstaaten der EG wider.

---

[1] Vgl. dazu *Partsch*, Europ. Bedienstete u. Anstellungsgemeinschaften, DÖV 1961, S. 287; *v. Oertzen*, Entsendung, DÖV 1966, S. 538; *Hennes*, Begriff des Beamten, S. 195.

[2] Soweit keine besonderen Regelungen der Mitgliedstaaten vorhanden sind, wird das von den betreffenden Staaten praktizierte Verfahren dargestellt. Dabei stützt sich der Verfasser neben eigenen Nachforschungen auch auf Auskünfte der diplomatischen Vertretungen und der für Fragen des Beamtenrechts zuständigen Ministerien der Mitgliedstaaten.

Teil III: Das System der Entsendung in den Mitgliedstaaten

a) Loslösung des Beamten aus dem nationalen Dienst

Die Entsendung in den Dienst der EG wird von den Mitgliedstaaten teils durch eine Beurlaubung, teils auf eine Weise ermöglicht, die mit einer Beurlaubung verglichen werden kann.

Einen Urlaub unter Fortfall der Dienstbezüge gewähren den Beamten die Bundesrepublik Deutschland[3], Dänemark[4], die Niederlande[5], Belgien[6], Luxemburg[7] und Irland[8].

Das System der Entsendung in Frankreich, Italien und England entspricht praktisch der Regelung für die unter Fortfall der Dienstbezüge beurlaubten Beamten.

---

[3] Vgl. Richtlinien für die Entsendung von Bundesbediensteten in öffentliche zwischenstaatliche oder überstaatliche Organisationen (Entsendungsrichtlinien) v. 1.10.1973 und Rundschreiben d. BMI v. 25.9.1973, GMBl. 1973, S. 456 ff.; dort EntsR II, Ziff. 2.
Vgl. auch § 9 der UrlaubsVO v. 18.1.1965, BGBl. I, S. 902; geänd. durch ÄndVO v. 14.8.1969, BGBl. I, S. 1305.
Eine Versetzung (§ 26 BBG) oder eine Abordnung (§ 27 BBG) ist nicht möglich, da diese nur an eine Dienststelle eines deutschen öffentlich-rechtlichen Dienstherrn möglich sind. Vgl. §§ 17, 18, 123 BRRG. Eine Tätigkeit bei einer internationalen Behörde ist nur durch Beurlaubung vom nationalen Dienst möglich. Vgl. dazu *Plog / Wiedow*, Kommentar, § 27 Anm. 7; *v. Oertzen*, S. 536; *Hennes*, S. 190.
Der Eintritt in das öffentlich-rechtliche Dienstverhältnis der EG führt nach § 29 Abs. 1 Ziff. 3 BBG nicht zur Entlassung des Beamten. Diese ist nur bei Begründung eines Dienstverhältnisses zu einem Dienstherrn möglich, der nach § 121 BRRG Dienstherrenfähigkeit besitzt. § 29 Abs. 1 Ziff. 3 BBG gilt daher nicht bei der Begründung eines Dienstverhältnisses mit der EG. Vgl. dazu *Plog / Wiedow*, § 29 Anm. 10; *v. Oertzen*, S. 536; *Hennes*, S. 192.
Eine Leerstelle kann ausgebracht werden, wenn die Planstelle neu besetzt werden muß und wenn der Beamte länger als ein Jahr entsandt wird. Nach Angaben von *Getz / Jüttner*, Personal, S. 609, waren im Bundeshaushaltsplan 1970 162 Leerstellen bewilligt.

[4] Vgl. § 58 des Gesetzes Nr. 291 v. 18.6.1969.

[5] Vgl. §§ 34 ff. ARAR; vgl. auch *van Herwaarden*, Beamtenrecht, ZBR 1971, S. 36.

[6] Vgl. AR Nr. 33 v. 20.7.1967, MB v. 29.7.1967 und Änderungsgesetz v. 3.6.1971, MB v. 28.7.1971.
AR v. 13.11.1967, MB v. 17.11.1967 und Änderungserlaß v. 2.12.1971, MB v. 25.2.1972.
Vor dieser Regelung wurde der belgische Beamte aufgrund eines besonderen Auftrages in den Wartestand versetzt. Vgl. AR v. 30.3.1939. In Art. 4 AR v. 13.11.1967 i. d. F. v. 2.12.1971 wird noch der Auftrag, in einer internationalen Organisation zu arbeiten, angeführt.

[7] Nach einem Gesetzesentwurf aus dem Jahre 1972 ist die Gewährung von Sonderurlaub unter Wegfall der Dienstbezüge vorgesehen. Diese Regelung wurde bisher praktiziert.

[8] Vgl. Civil Service Regulation Act 1956, Section 1 Nr. 2; die Entsendung wird durch Gewährung eines besonderen Urlaubs ohne Bezahlung ermöglicht.

1. Darstellung der Entsendungsvorschriften

Nach französischem Beamtenrecht übt der Beamte im Sinne eines Abordnungsverhältnisses (détachement) eine Funktion außerhalb der Ursprungsbehörde aus, ohne die rechtliche Verbindung zu dieser abzubrechen[9].

In Italien wird die Entsendung ebenfalls durch Abordnung oder durch die Versetzung auf eine außerplanmäßige Stelle ermöglicht[10].

Die in England gebräuchlichste Form der Entsendung von Beamten zur EG ist das seconding employment, ein Ausleihen des Beamten an eine internationale Behörde[11].

b) Dauer der Entsendung

Während in der Bundesrepublik Deutschland[12] und in Irland[13] der Urlaub grundsätzlich für unbestimmte Zeit gewährt wird, legen die anderen Mitgliedstaaten[14] die Dauer der Entsendung von vornherein fest, räumen allerdings die Möglichkeit einer Verlängerung ein.

---

[9] Vgl die grundlegenden Regelungen zum détachement: Art. 38 ff. Décret Nr. 59 - 244 v. 4. 2. 1959, JO v. 8. 2. 1959 und vom 20. 2. 1959 und Décret Nr. 59 - 309 v. 14. 2. 1959, JO v. 20. 2. 1959 und v. 5. 4. 1959; vgl. *Piquemal*, Fonctionnaire, S. 247 ff.; *Chemillier-Gendreau*, Détachement, Rev. Dr. Pub. Sc. Pol. 1967, S. 667 ff.

[10] Vgl. Gesetz Nr. 1114 v. 27. 7. 1962, G.U. v. 11. 8. 1962 Nr. 202; §§ 56, 57, 58 des Statuts der Zivilbediensteten des Staates, D.P.R. v. 10. 1. 1957, G.U. Nr. 22 v. 25. 1. 1957.

[11] Die englische Verwaltungspraxis kennt drei Systeme der Entsendung:
a) das approved employment, das für eine langfristige Verwendung in einer internationalen Organisation in Betracht kommt oder wenn der Beamte selbst einen Antrag auf Verwendung im internationalen Dienst stellt. Es ist vorgesehen, daß der Beamte aus dem nationalen Dienst ausscheidet; die Möglichkeit einer Wiedereinstellung wird ihm aber offengehalten;
b) das seconding employment, ein Ausleihen des Beamten, ist die gebräuchlichste Form der Entsendung von Beamten zur EG;
c) der special leave without pay wird nur ausnahmsweise aufgrund besonderer Umstände gewährt.

[12] Vgl. dazu Rd.Schr. d. BMI v. 25. 9. 1973: „... Obwohl die Entsendungsrichtlinien keine Befristung der Entsendung von Beamten vorsehen, sollte im Hinblick auf die Praxis anderer Länder diesem Problem künftig mehr Aufmerksamkeit gewidmet werden. Im Interesse einer besseren Personalpolitik kann es durchaus ratsam erscheinen, die Entsendungsdauer von Beamten zu befristen, sei es auch nur aus dem Grunde, um sich dessen Erfahrungen im internationalen Dienst nutzbar zu machen ..."

[13] Die Entsendung soll mehrere Jahre dauern.

[14] Für Frankreich vgl. Art. 8 ff. Décr. 59-309; eine kurzfristige Beurlaubung dauert sechs Monate, eine langfristige bis zu fünf Jahren mit der Möglichkeit der Verlängerung.

Für die Niederlande vgl. §§ 34 ff. ARAR; die Entsendung dauert ein, höchstens drei Jahre und hängt vom Einzelfall sowie davon ab, ob ein überwiegendes allgemeines Interesse bejaht werden kann. In der Praxis sind in den letzten Jahren Verlängerungen der Entsendung üblich geworden. Der

Teil III: Das System der Entsendung in den Mitgliedstaaten

c) Widerruf der Entsendung

Sowohl bei einer befristeten als auch bei einer unbefristeten Entsendung ist im Hinblick auf die im Statut der Beamten der EG angestrebte Unabhängigkeit von Bedeutung, ob die Entsendung widerrufen werden kann.

Nach den Regelungen der meisten Mitgliedstaaten ist ein Widerruf bzw. eine vorzeitige Beendigung der Entsendung grundsätzlich jederzeit möglich[15].

d) Wiederverwendung im nationalen Dienst

Eine Wiederverwendung im öffentlichen Dienst nach Ablauf der Entsendung räumen alle Mitgliedstaaten mit Ausnahme der Niederlande[16] ihren Beamten grundsätzlich ein. Ein Anspruch auf Wiederverwendung ergibt sich dabei unmittelbar aus der Rechtsnatur des Urlaubs[17] bzw. aus der besonderen Rechtsposition der Entsendung[18].

Entwurf einer Neuregelung der Entsendung sieht eine Dauer von drei bis fünf Jahren mit der Möglichkeit der Verlängerung vor.

Für Belgien vgl. Art. 4 AR v. 13. 11. 1967 i. d. F. v. 2. 12. 1971; die Dauer der Entsendung ist auf zwei Jahre mit der Möglichkeit der Verlängerung um zwei weitere Jahre geregelt.

Für Dänemark vgl. § 58 des Gesetzes Nr. 291 v. 18. 6. 1969, der eine Dauer von drei Jahren mit der Möglichkeit der Verlängerung vorsieht.

In Luxemburg wird die Entsendung zunächst auf sechs Monate verfügt; es besteht unbegrenzte Verlängerungsmöglichkeit.

In England ist das seconding employment auf drei Jahre mit Verlängerungsmöglichkeit um zwei Jahre vorgesehen; kürzere Zeiten der Entsendung werden aus Gründen der Effektivität nur in Ausnahmefällen zugelassen.

Für Italien vgl. Art. 1 des Gesetzes Nr. 1114 v. 27. 7. 1962.

[15] Für die Rechtslage in der Bundesrepublik Deutschland vgl. § 89 BBG und § 15 der UrlaubsVO: Die Urlaubsbewilligung kann jederzeit zurückgenommen werden, wenn dies dienstliche Rücksichten erfordern; vgl. dazu *Plog / Wiedow*, § 89 Anm. 15, 34; *v. Oertzen*, S. 538.

Eine ähnliche Rechtslage besteht in den Niederlanden, in Belgien, in Luxemburg, in England, in Irland und in Dänemark.

In Frankreich wird die Entsendung nur auf Widerruf verfügt, vgl. Art. 38 Décr. 59 - 244; vgl. auch *Chemillier-Gendreau*, S. 676.

Ebenso in Italien, vgl. Art. 1 des Gesetzes Nr. 1114 v. 27. 7. 1962.

[16] Die entsandten Beamten haben keinen Anspruch auf Wiederverwendung, wohl wird die Möglichkeit einer Wiederverwendung geprüft. Ist eine Wiederverwendung nicht möglich, wird der Beamte unter Zubilligung eines Wartegeldes entlassen, vgl. §§ 34 e, 96 a, 100 ARAR. Im Entwurf der Neuregelung der Entsendung ist die Verankerung eines Anspruchs auf Wiederverwendung vorgesehen.

[17] So für die Beamten der Bundesrepublik Deutschland, Dänemarks, Belgiens, Luxemburgs, Irlands.

[18] So für die Beamten Italiens, Englands und Frankreichs. Zur Rechtslage in Frankreich vgl. Art. 38 Abs. 5 Décr. 59 - 244; *Piquemal*, S. 257.

e) Pensionsansprüche

Der Anspruch der entsandten Beamten auf ein nationales Ruhegehalt bleibt in allen Mitgliedstaaten grundsätzlich erhalten. Allerdings haben die meisten Staaten besondere Maßnahmen zur Vermeidung einer Kumulierung von nationalen Versorgungsbezügen mit Ruhegehältern, die von der EG gezahlt werden, getroffen[19]. Lediglich in Frankreich und Italien ist eine Doppelversorgung möglich[20].

f) Laufbahnrechte

Im Hinblick auf die Wahrung der Vorteile des nationalen Beamtenverhältnisses ist ferner von Interesse, ob die entsandten Beamten im

---

[19] Die Zeit der Entsendung zählt wie die Zeit im nationalen Dienst für die Pension mit, der Pensionsanspruch bleibt bestehen.
Für die Bundesrepublik Deutschland vgl. EntsR: die Zeit der Entsendung ist ruhegehaltsfähige Dienstzeit, EntsR II, Ziff. 4 mit Hinweis auf § 111 Abs. 1, Nr. 5 BBG; soweit intern. Organisationen Versorgungsbezüge an Beamte zahlen, die nach einer Beschäftigung bei der betr. Organisation wieder im Bundesdienst verwendet werden, bestimmt sich die Kürzung der deutschen Dienstbezüge nach § 83 a BBG, ggf. i. Verb. mit Art. X des 5. Gesetzes zur Änderung beamtenrechtlicher und besoldungsrechtlicher Vorschriften v. 19. 7. 1968 (BGBl. I, S. 848), vgl. EntsR II, Ziff. 7.
Bezieht ein nach deutschem Recht Versorgungsberechtigter nach einer Verwendung bei einer intern. Organisation ein Einkommen, so gilt für das Ruhen der deutschen Versorgungsbezüge § 158 BBG; vgl. EntsR II, Ziff. 8.
Für das Zusammentreffen von Versorgungsbezügen nach dem BBG und von Versorgungsbezügen aus einer Verwendung bei einer intern. Organisation oder Kapitalbeträgen, die als Abfindung oder Zahlung aus einem Versorgungsfonds gewährt werden, gilt § 160 b BBG, ggf. i. Verb. mit Art. X des 5. Gesetzes zur Änderung beamtenrechtlicher und besoldungsrechtlicher Vorschriften v. 19. 7. 1968, vgl. EntsR II, Ziff. 8.
Ähnliche Regelungen bestehen:
In den Niederlanden. Der Beamte zahlt einen Pensionsbeitrag an den Staat, bis feststeht, ob er die nationale Pension oder die der EG in Anspruch nimmt. Vgl. dazu *van Herwaarden*, S. 36.
In Belgien. Vgl. Art. 4 - 9 AR Nr. 33 v. 20. 7. 1967 i. d. F. v. 3. 6. 1971.
In Dänemark. Vgl. § 58 des Gesetzes Nr. 291 und § 4 des Gesetzes Nr. 292. In der Praxis wird die Zeit des Dienstes bei der EG nur dann für die Pension in Anrechnung gebracht, wenn kein selbständiger Pensionsanspruch gegenüber der EG begründet worden ist. Bei doppelter Pension wird der Wert der Pensionsleistung mit dem der dänischen Staatspension verrechnet.
In England und in Irland.

[20] In diesen Staaten wird der Dienst in der EG ebenfalls mit dem Dienst in der Heimatverwaltung gleichgestellt. Durch die Zahlung von Beiträgen zu den Pensionsfonds kann die nationale Pension erhalten werden. Die Beamten können außerdem die Pension der EG erwerben. Die Kumulierung mehrerer Versorgungsansprüche ist also zulässig, wenn die Versorgungsberechtigung in mehreren aufeinander folgenden Beschäftigungen erworben wurde. Zur Rechtslage in Frankreich vgl. Décr. Nr. 59 - 309; *Levy*, Frankreich, in: Kaiser, Mayer, Ule (Hrsg.), Recht u. System d. öff. Dienstes, Bd. 4, S. 80; zur Rechtslage in Italien vgl. Art. 2, 4 des Gesetzes Nr. 1114.

Genuß der mit ihrer Laufbahn verbundenen Vorteile bleiben und ob sie während der Entsendung befördert werden können.

Der Aufstieg nach Dienstaltersstufen sowie die Beförderung während der Zeit der Entsendung sind in der Mehrzahl der Mitgliedstaaten möglich[21].

2. Vergleich der Entsendungsvorschriften

a) unter besonderer Berücksichtigung der Loyalitätsverpflichtungen

Vergleicht man die Entsendungsvorschriften der Mitgliedstaaten unter besonderer Berücksichtigung der im Statut der Beamten der EG geforderten Loyalität gegenüber der EG und der Verpflichtung zur Wahrung der Unabhängigkeit, so läßt sich folgendes feststellen:

In den Mitgliedstaaten der EG wird die Entsendung durch die Beurlaubung bzw. durch besondere verwaltungsrechtliche Mittel ermöglicht, die ebenso wie die Beurlaubung auf eine Dispensierung des Beamten von den Dienstpflichten gegenüber dem nationalen Dienstherrn hinauslaufen.

Nach den Rechtsauffassungen in den Mitgliedstaaten liegt das Wesen des Urlaubs in einer auf bestimmte Zeit gestatteten Entbindung von den Dienstpflichten und nicht in einem Ruhen oder Außerkrafttreten des Beamtenverhältnisses[22].

Aus der Rechtsnatur des Urlaubs und der damit erfolgten Dispensierung von den Dienstpflichten ist daher zu schließen, daß die allgemeinen Verpflichtungen aus dem Beamtenverhältnis, wie zum Beispiel die Loyalitätspflicht gegenüber dem Dienstherrn, dem Staat und seinen Gesetzen, bestehen bleiben[23].

---

[21] In der Bundesrepublik Deutschland vgl. EntsR II, Ziff. 5; vgl. dazu auch *v. Oertzen*, S. 537; *Plog / Wiedow*, § 89 Anm. 34.
In Frankreich vgl. Art. 38 Décr. Nr. 59 - 244.
In Belgien vgl. Art. 4 AR Nr. 33 v. 30. 7. 1967 und Art. 7 AR v. 13. 11. 1967 i. d. F. v. 2. 12. 1971.
In Dänemark vgl. § 58 des Gesetzes Nr. 291.
In Italien vgl. Gesetz Nr. 1114.
In England und in Irland.
Anders in den Niederlanden und in Luxemburg, wo ein Aufsteigen im Gehalt und die Beförderung nicht möglich sind. In den Entwürfen zur Neuregelung der Entsendung ist sowohl das Aufsteigen im Gehalt als auch die Möglichkeit der Beförderung vorgesehen.
[22] Vgl. dazu *v. Oertzen*, S. 538, der darauf hinweist, daß die Entsendung nicht als besonderes Rechtsinstitut ausgestaltet ist; *Chemillier-Gendreau*, S. 668 ff.
[23] So auch *v. Oertzen*, S. 538; vgl. dazu auch *Plog / Wiedow*, § 89 Anm. 34; *Hennes*, S. 194; *Chemillier-Gendreau*, S. 669 ff.

Die Intensität der rechtlichen Bindung an den nationalen Dienstherrn mag bei einer Entsendung, die auf einer Beurlaubung beruht, nicht so stark ausgeprägt sein wie beim détachement oder einer Entsendung, die durch Versetzung des Beamten auf eine besondere Stelle außerhalb der Behörde, durch Ausleihen des Beamten oder durch Erteilung eines besonderen Auftrages erfolgt. Es bestehen jedoch nur graduelle Unterschiede. Die Gefahr einer Kollision im Bereich der verschiedenen Loyalitätsverpflichtungen ist durch die Aufrechterhaltung des nationalen Beamtenverhältnisses und der damit geschaffenen zweifachen Abhängigkeit allen Entsendungsformen immanent.

Dadurch, daß die Loyalitätsverpflichtungen aus dem nationalen Beamtenverhältnis bestehen bleiben, und durch die nähere Ausgestaltung der Entsendung bleibt den Mitgliedstaaten die Möglichkeit, die entsandten Beamten auch für die Zeit der Entsendung an sich zu binden[24].

Durch die Begrenzung der Entsendung auf kurze Zeit können die Bindungen an den nationalen Dienstherrn für die Beamten problematisch werden. Beispielsweise wird eine unabhängige Amtsführung bei einer Entsendung, die nur sechs oder zwölf Monate andauert, schon dadurch erschwert werden, daß der entsandte Beamte sich innerhalb kürzester Zeit auf den neuen Arbeitsbereich umstellen und sich mit der Arbeitsweise in einer internationalen Behörde vertraut machen muß. Das Herannahmen des Termins, an dem die Entsendung abläuft, stellt eine Versuchung dar, sich mehr der eigenen Karriere als der Arbeit in der Behörde der EG zu widmen[25].

Diesem Nachteil einer kurzfristigen Entsendung steht der Einwand gegenüber, daß hochqualifizierte Kräfte oft nur kurzfristig für den europäischen Dienst von den Mitgliedstaaten freigestellt werden[26].

Eine weitere Ausgestaltung der Entsendungsvorschriften, die die Bindung des entsandten Beamten an seinen Herkunftsstaat verdeutlicht, ist der Widerruf der Entsendung, der ebenso wie eine kurzfristige Entsendung die psychologische Situation eines Druckes entstehen lassen kann.

Die Möglichkeit eines jederzeitigen Widerrufs ist geeignet, bei den entsandten Beamten eine gewisse Unsicherheit zu erzeugen, insbeson-

---

[24] Die Kommission sieht in der Aufrechterhaltung des nationalen Beamtenverhältnisses und der daraus den Beamten erwachsenden Vorteile keine Gefahr für die Unabhängigkeit ihrer Beamten. So in der Antwort auf die schriftl. Frage Nr. 219 des Abg. Berkhouver, ABl. v. 21. 2. 1968, Nr. C 12/2.
[25] Auf diese Nachteile weist *Partsch*, S. 285, hin, indem er die kurzfristige Entsendung mit der Personalwirtschaft der auswärtigen Dienste vergleicht.
[26] Vgl. dazu *Partsch*, S. 286.

dere bei der Praxis einiger Mitgliedstaaten, die die Auswechselung von Beamten aus politischen Gründen vornehmen.

Die Verlagerung der Loyalität auf die EG und die Wahrung der Unabhängigkeit von mitgliedstaatlichen Einflüssen wird angesichts dieser Eingriffsmöglichkeit durch die Entsendestaaten für die entsandten Beamten insbesondere auch problematisch, wenn diese der Karriere im Herkunftsstaat den Vorrang einräumen.

Die Entwicklung der Karriere in der nationalen Behörde des Herkunftsstaates ist während der Zeit der Entsendung dadurch ermöglicht, daß in fast allen Mitgliedstaaten der Aufstieg im Gehalt sowie Beförderungen möglich sind. Die Zeit der Tätigkeit im Dienst der EG ist für die weitere Verwendbarkeit des Beamten im nationalen Dienst in vielerlei Hinsicht vorteilhaft[27].

Eine Beförderung durch die nationale Behörde wird aber für Leistungen ausgesprochen, die gar nicht im Bereich dieser Behörde erbracht worden sind. Sie beruht auf einer Beurteilung der Leistungen des Beamten in den Diensten der EG aus nationaler Sicht. Daran ändert sich auch dann nichts, wenn vor der Beförderung eine Beurteilung der europäischen Behörde angefordert wird, in der der Beamte tätig ist[28]. Letztlich wird die Bewertung der Tätigkeit des Beamten in der EG doch von dem nationalen Dienstherrn vorgenommen. Zieht man diese Umstände, auf denen die Beförderung während der Zeit der Entsendung beruht, in Erwägung, so kann man zwar bezweifeln, daß ein entsandter Beamter die Loyalität und Unabhängigkeit erreichen kann, die von ihm nach dem Statut der Beamten der EG verlangt wird[29].

Die Gefahr eines Loyalitätskonflikts ist aber für den Beamten relativ gering, der an Regelbeförderungen teilnimmt, da er sich dabei nicht ständig um das Wohlwollen der entsendenden Behörde zu bemühen braucht.

Dagegen können schwerwiegende Loyalitätskonflikte entstehen, wenn der Beamte nicht nur nach der Regel befördert wird, sondern für ihn

---

[27] Auf die Karrierevorteile weisen *Lindberg*, Political dynamics, S. 85; *Coombes*, Politics, S. 149; *Bloch / Lefèvre*, Fonction publique, S. 41; *Ruzié*, Fonctionnaires intern., S. 18, hin.
Während die kurzfristig entsandten Beamten meistens Karrierevorteile haben, müssen die langfristig entsandten Beamten häufig länger auf Beförderungen, auch auf Regelbeförderungen, warten als ihre Kollegen in den entsendenden Ministerien. Vgl. dazu *Getz / Jüttner*, Personal, S. 538, 604, 678, 679.
[28] Das sehen z. B. die EntsR vor.
[29] So *Partsch*, S. 287, 288, der in der Möglichkeit der Beförderung die Gefahr für eine Spaltung der Loyalitätspflicht sieht. Vgl. auch *Friedrich*, Europa, S. 249.

auch die Möglichkeit besteht, während der Entsendung außerhalb der Reihe befördert zu werden.

Neben dem Aufstieg im Gehalt und der Möglichkeit von Beförderungen behält die nationale Karriere durch die Gewährung des Rechts auf Wiederverwendung und durch die Erhaltung des Versorgungsanspruchs eine gewisse Attraktivität, die sich bei etwaigen Loyalitätskonflikten zugunsten der nationalen Interessen auswirken kann.

Während sich das Recht auf Wiederaufnahme in den nationalen Dienst aus dem System der Entsendung ergibt und das Dienstrecht der Beamten der EG nicht besonders berührt, treten die nationalen versorgungsrechtlichen Regelungen in ein Konkurrenzverhältnis zur Versorgungsregelung nach dem Statut der Beamten der EG.

Die unterschiedliche rechtliche Behandlung dieses Konkurrenzverhältnisses in den Mitgliedstaaten, die Möglichkeit einer Doppelversorgung auf der einen und die Verrechnung von nationaler und internationaler Pension auf der anderen Seite, zieht eine Ungleichbehandlung der im Dienst der EG tätigen Beamten nach sich und hat dadurch auch nachteilige Auswirkungen auf den ganzen Dienst[30].

Dabei verdient folgender Aspekt Beachtung: Während die Kumulierung von nationalen und internationalen Versorgungsbezügen nur für die langfristig entsandten Beamten mit einer Dienstzeit von über zehn Jahren in Betracht kommt, stellt sich das Problem der Versorgungsregelung für die Mehrheit der kurzfristig entsandten Beamten anders dar.

Für diese Beamten, die während des Dienstes bei der EG keine Pensionsberechtigung erwerben können, ist die Aufrechterhaltung des Anspruchs auf ein nationales Ruhegehalt das Mittel zur Sicherung der finanziellen Unabhängigkeit. Allerdings sind hierbei der Dienstherr, der die Unabhängigkeit ermöglicht, und derjenige, für den in Unabhängigkeit gearbeitet werden soll, voneinander verschieden.

Als Lösung für das Problem der Konkurrenz von Versorgungsansprüchen bietet sich ein System wechselseitiger Übertragung von Versorgungsansprüchen an[31], das auf dem Gedanken beruht, daß erworbene Versorgungsrechte nicht beeinträchtigt werden sollen[32].

---

[30] Vgl. dazu v. Plehwe, Intern. Organisationen, S. 96.
[31] Vgl. dazu Art. 107 Statut.
[32] Vgl. dazu Partsch, S. 290, der darauf hinweist, daß der Dienst in der EG in gleicher Weise öffentlicher Dienst ist wie der nationale Dienst.

b) im Hinblick auf die Gesamtkonzeption der Entsendung

Obwohl die Fragen der Loyalität und der Unabhängigkeit zu den großen Problemen des europäischen öffentlichen Dienstes zählen, können die Entsendungsvorschriften der Mitgliedstaaten der EG nicht nur daran gemessen werden, inwieweit sie diesen Problemen Rechnung tragen.

Um die Entsendungsvorschriften insgesamt würdigen zu können, bedarf es auch einer Durchleuchtung der anderen dienstrechtlichen und personalpolitischen Aspekte der Entsendung.

Um eine Mitarbeit ihrer Beamten in den Dienststellen der EG zu sichern, waren die Mitgliedstaaten gezwungen, besondere Regelungen zu schaffen, die einen Eintritt in den Dienst der EG ohne Einbuße an im nationalen Dienst erworbenen Rechten und Anwartschaften ermöglichten. Dazu bot sich die Aufrechterhaltung des nationalen Beamtenverhältnisses wenigstens bis zu dem Zeitpunkt an, in dem der Beamte einen entsprechend gesicherten Status nach dem Beamtenrecht der EG erreicht hatte[33].

Die versorgungsrechtliche Sicherung durch die Aufrechterhaltung des nationalen Beamtenverhältnisses erschien auch angesichts der dem europäischen Beamtenverhältnis immanenten Instabilität notwendig.

Nach seiner Grundkonzeption hat das Beamtenverhältnis der europäischen Beamten durch die lebenslange Bindung an die EG zwar eine mit dem Beamtenverhältnis in den Mitgliedstaaten vergleichbare Stabilität.

Diese Stabilität wird aber durch Regelungen des Statuts[34] und durch Sondermaßnahmen[35] durchbrochen, die für den Fall einer Verringerung der Zahl von Planstellen bei den Organen der Gemeinschaft getroffen worden sind und zu einer vorzeitigen Beendigung des Dienstverhältnisses führen. Diese Maßnahmen, die auf die Tatsache zurückzuführen sind, daß das Personal internationaler Behörden wie auch das Schicksal internationaler Organisationen selbst immer der Disposition der Mit-

---

[33] Der Gedanke der Sicherung liegt auch dem Vorläufer der Entsendungsrichtlinien, dem gemeinsamen Rundschreiben der Bundesminister des Innern und der Finanzen v. 12. 9. 1952, GMBl. S. 301, zugrunde. Vgl. dazu v. Oertzen, S. 535.

[34] Vgl. Art. 41.

[35] Vgl. VO Nr. 2530/72 des Rates v. 4. 12. 1972 zur Einführung vorübergehender Sondermaßnahmen betreffend die Einstellung von Beamten der EG infolge des Beitritts neuer Mitgliedstaaten sowie das endgültige Ausscheiden von Beamten dieser Gemeinschaft aus dem Dienst, ABl. Nr. L 272 v. 5. 12. 1972.

Die Maßnahmen wurden geschaffen, um Stellen für Beamte aus den neuen Mitgliedstaaten bereitstellen zu können, ohne die Planstellenzahl zu erhöhen.

2. Vergleich der Entsendungsvorschriften

gliedstaaten unterworfen ist[36], machen die Instabilität des Dienstverhältnisses bei der EG deutlich und zeigen zugleich den Spielraum des personalpolitischen Handelns auf.

Eine Beendigung des nationalen Beamtenverhältnisses ist auch deshalb nicht zweckmäßig, weil sich während der Entsendung herausstellen könnte, daß der Beamte aus persönlichen, fachlichen oder familiären Gründen nicht mehr in der Lage ist, den Dienst außerhalb seiner Herkunftsbehörde zu versehen.

Da die Laufbahn der Beamten bei der EG praktisch am Nullpunkt beginnt[37], weil die Zeiten der Vor- und Ausbildung und die Zeit im nationalen Dienst weder für die Besoldung noch für die Versorgung berücksichtigt werden, bestand die Notwendigkeit, die beamtenrechtlichen Anwartschaften und Rechte, die im nationalen Dienst erworben wurden, zu schützen. Ohne die Garantie des rechtlichen Besitzstandes aus dem nationalen Beamtenverhältnis würde wahrscheinlich kaum ein Beamter die Entsendung in eine Dienststelle der EG akzeptieren, der bereits eine Anzahl von Jahren im nationalen Dienst verbracht hat.

Um nicht nur junge Beamte, die am Anfang ihrer Karriere stehen, sondern auch ältere Beamte jeden Ranges mit speziellen Kenntnissen für den Dienst in der EG zu gewinnen, waren die Mitgliedstaaten bemüht, die Entsendung so zu gestalten, daß ein Verlust der bisher erworbenen Anwartschaften und Rechte aus dem nationalen Beamtenverhältnis vermieden wurde. Erst auf diese Weise wurde es den Beamten ermöglicht, die Stabilitätsgarantie des nationalen Dienstes in den europäischen Dienst mitzunehmen.

Neben dem Zweck der Sicherung erworbener Beamtenrechte verfolgen die Entsendungsvorschriften auch das Ziel, eine gewisse Mobilität in den öffentlichen Dienst zu bringen.

Obwohl das Beamtenstatut auf dem Gedanken eines eigenständigen und unabhängigen europäischen öffentlichen Dienstes beruht[38], kann auf die Entsendung und den Austausch von Beamten aus der Sicht und von den Interessen der Kommission her nicht verzichtet werden. Ab-

---

[36] Vgl. dazu *Rauschning*, Unabhängigkeit u. Bindungen, in: Festschr. Wacke, S. 57; *Bruns*, Beamtenstatut, ZBR 1962, S. 316, die darauf hinweisen, daß die Rechtsgarantien des europäischen Dienstes im Vergleich zum deutschen Beamtenrecht wesentlich schwächer sind. Zutreffend formuliert *Neunreither*, Nationale Bürokratie, Dokumente 1970, S. 156, wenn er sagt, daß das Beamtenstatut zwar weitgehende Garantien gebe, jedoch mit Ausnahme der Garantie, daß eben diese Garantien nicht abgeschafft werden.

[37] *Bruns*, S. 343.

[38] Vgl. dazu *Rogalla*, Beteiligung u. Mitsprache, in: Festschr. Hefermehl, S. 215 Fußn. 25, der auf die Diskussion über die Konzeption des europ. Beamtenrechts: Unabhängiges Beamtentum oder Roulement, hinweist; *Bruns*, S. 315, 316 Fußn. 36; *Lemaignen*, L'Europe, S. 71, 72.

gesehen davon, daß der Personalbedarf der Kommission zum größten Teil nur aus den Reihen der Beamten der Mitgliedstaaten gedeckt werden kann[39], benötigt die Kommission viele Spezialisten aus den Ministerien der Mitgliedstaaten, die für spezifische Aufgaben besonders befähigt sind[40].

Die nähere Ausgestaltung der Entsendungsvorschriften und die Personalpolitik der Mitgliedstaaten lassen erkennen, welche Staaten mehr einen unabhängigen europäischen Dienst fördern und welche sich mehr von dem Prinzip einer Rotation zwischen nationalem und internationalem Dienst leiten lassen.

Eine Rotation hatte insbesondere im Aufbaustadium der Gemeinschaft den Vorteil, daß das Verständnis für die Arbeit in den europäischen Behörden gefördert werden konnte[41]. Die Notwendigkeit einer Durchdringung von europäischer und nationaler Verwaltung ist allerdings nicht nur auf die Aufbauphase beschränkt.

Den Herkunftsstaaten bietet die Rotation die Möglichkeit, aus den Erfahrungen der entsandten Beamten Nutzen zu ziehen und die Ausbildung der Beamten zu fördern[42]; außerdem beschleunigt sie den Prozeß der Integration[43].

Während die Entsendungsvorschriften mit kurzer Entsendungsdauer und grundsätzlicher Widerrufsmöglichkeit zwar eine Rotation ermöglichen, die betroffenen Beamten aber leicht in Loyalitätskonflikte bringen können, verlangen andere Regelungen praktisch die Entscheidung zwischen nationaler und europäischer Beamtenkarriere[44] und schließen einen Loyalitätskonflikt weitgehend aus[45].

Unabhängig von den grundsätzlichen Regelungen praktizieren die meisten Mitgliedstaaten eine bewegliche Personalpolitik, indem sie einen regelmäßigen Austausch von Personal und den Widerruf der Entsendung sogar nach kürzester Zeit vornehmen[46]. Der Grundsatz der Mobilität, der insbesondere die französische Personalpolitik[47] bestimmt,

---

[39] Vgl. dazu *Rogalla*, Dienstrecht der EG, in: Kaiser, Mayer, Ule (Hrsg.), Recht u. System d. öff. Dienstes, Bd. 4, S. 355.
[40] Vgl. *Coombes*, European Civil Service, S. 39.
[41] Vgl. dazu *Daussin*, Europ. öff. Dienst, EurArchiv 1960, S. 660.
[42] Vgl. dazu *Partsch*, S. 286; vgl. auch Teil III, 1. b) Fußnote 12.
[43] Vgl. dazu *Scheinman / Feld*, EEC and national civil servants, Intern. Org. 1972, S. 121, 122.
[44] So z. B. die niederländischen Entsendungsvorschriften. Vgl. dazu *van Herwaarden*, S. 36.
[45] Zu diesem Ergebnis kommt auch die Untersuchung von *Smith*, EEC and national civil servants, Intern. Org. 1973, S. 563 ff.
[46] Vgl. dazu *Neunreither*, Leitbild des Europ. Parlaments, ZParlF 1971, S. 337, 338; *Scheinman / Feld*, S. 131.

macht deutlich, welchen Mechanismus die Mitgliedstaaten mit den Entsendungsvorschriften in der Hand haben. Neben Maßnahmen der Personalwirtschaft und der Ausbildung von Beamten ist ihnen die Steuerung der Aufgaben und der Politik der Kommission in gewissem Umfang möglich[48].

Soweit die Mitgliedstaaten die Entsendung von Beamten als Instrument benutzen, um politischen Einfluß auszuüben, können sich für die entsandten Beamten neben der schon durch das System der Entsendung vorhandenen Gefahr einer doppelten Loyalität im Einzelfall Konflikte während der praktischen Arbeit ergeben.

3. Ergebnis

Nach der Darstellung der Rechtsstellung der entsandten Beamten und dem Vergleich der Vorschriften der Mitgliedstaaten läßt sich als Ergebnis festhalten:

Durch die in den Mitgliedstaaten aufgrund einer Beurlaubung oder einer ähnlichen verwaltungsrechtlichen Regelung vorgenommene Entsendung wird eine Loyalitätsverpflichtung gegenüber dem nationalen Dienstherrn aufrechterhalten, die für die Zeit der Entsendung neben der Loyalitätsverpflichtung gegenüber dem europäischen Dienstherrn besteht. Die Gefahr einer doppelten Loyalität ist also dem rechtlichen System der Entsendung immanent.

Die nähere Ausgestaltung und Praktizierung der Entsendung sowohl durch Festlegung kurzer Entsendungszeiten und durch Widerruf als auch durch die Aufrechterhaltung der nationalen Karriere, insbesondere durch Beförderungen, läßt die Verpflichtung zu einer ausschließlich auf die EG bezogenen Loyalität problematisch werden.

Trotz dieser Nachteile kann auf die Entsendung von Beamten nicht verzichtet werden, und zwar sowohl wegen des Interesses der Mitgliedstaaten an der Entsendung eigenen Personals als auch wegen des Interesses der Kommission an der Gewinnung erfahrenen Personals.

Schließlich ist ein Vorteil auch darin zu sehen, daß eine Mobilität zwischen nationaler und europäischer Verwaltung einer fortschreitenden Integration förderlich sein kann.

---

[47] Vgl. dazu *Chemillier-Gendreau*, S. 678 ff.; *Coombes*, European Civil Service, S. 11, 37 ff.; *Coombes*, Politics, S. 149, sieht in der Praktizierung der Entsendung durch Frankreich eine Verletzung des Geistes des Statuts; *Lindberg*, Political dynamics, S. 85, weist auf das Bestreben der franz. Verwaltung hin, die gesamte Beamtenelite durch die Kommission laufen zu lassen.

[48] Vgl. dazu *Coombes*, European Civil Service, S. 57; *Scheinman / Feld*, S. 122.

TEIL IV

Die doppelte Loyalität im europäischen Dienst

1. Organisation des Dienstes in der Kommission

Nachdem nachgewiesen worden ist, daß sich die Gefahr einer doppelten Loyalität unmittelbar aus dem System der Entsendung ergibt, bedarf es nun einer Erörterung, inwieweit die verschiedenen Loyalitätsbindungen für die entsandten Beamten während der Ausübung des Dienstes problematisch werden können.

a) Gestaltung der Personalstruktur

aa) Organisationskompetenz

Die Einstellung in den Dienst der Kommission der EG kann für einen entsandten Beamten erste Loyalitätskonflikte mit sich bringen. Der Grund dafür liegt darin, daß die Mitgliedstaaten über die Zuständigkeit des Rates für Haushalts- und Organisationsangelegenheiten[1] und durch die Entsendung die Gestaltungsmittel für den Aufbau der Verwaltung der Kommission in der Hand haben.

Durch die Bewilligung von Haushalts- und Stellenplänen können sie die Struktur der Verwaltung der Kommission bestimmen[2]. Die Reservierung eines bestimmten Stellenanteils für jede Nation[3] gibt den Mitgliedstaaten darüber hinaus die Möglichkeit der direkten Entsendung und der Einwirkung auf die Geschäftsverteilung innerhalb der Verwaltung der Kommission[4].

---

[1] Vgl. Art. 200 - 209 EWGV; Art. 145 - 153 EAGV; vgl. dazu *Wirsing*, Aufgaben u. Stellung der Kommission, in: Zellentin (Hrsg.), Formen der Willensbildung, S. 53; *Coombes*, European Civil Service, S. 19.

[2] *Holtz*, Europäische Behörden, in: Dt. Gesellschaft f. Ausw. Politik (Hrsg.), Regionale Verflechtung, S. 216, der außerdem darauf hinweist, wie die Verträge (EWG u. EAG) als Instrument der Planung benutzt worden sind, S. 215.

[3] Zur Zeit der sechs Mitgliedstaaten hatte sich die Praxis herausgebildet, daß ungefähr je ein Viertel der Stellen durch Beamte aus der Bundesrepublik Deutschland, Frankreich, Italien und den Beneluxstaaten besetzt wurde. Vgl. dazu *Rogalla*, Dienstrecht der EG, in: Kaiser, Mayer, Ule (Hrsg.), Recht u. System d. öff. Dienstes, Bd. 4, S. 311.

[4] *Holtz*, S. 216.

bb) Entsendung

Mit der Einwirkung auf die Besetzung bestimmter Stellen können durch die Mitgliedstaaten die verschiedensten Zwecke verfolgt werden, je nachdem, ob durch die Entsendung eines befähigten Beamten ein bestimmter Sach- und Aufgabenbereich gefördert werden soll oder ob durch einen wenig qualifizierten Beamten die Tätigkeit der Kommission in einem bestimmten Bereich gehemmt werden soll[5].

Da die Kommission bei der Rekrutierung von Personal auf die Mitgliedstaaten angewiesen ist und diese auch vor der Entscheidung über eine Einstellung zu konsultieren pflegt[6], können die Hintergründe einer Entsendung im konkreten Fall oft nicht früh genug erkannt werden.

Ein Nachgeben gegenüber der von einigen Staaten immer wieder erhobenen Forderung, wichtige Stellen ohne Entscheidungsbefugnis der Kommission in eigener Verantwortung zu besetzen bzw. nach einem bestimmten Zeitablauf die Beamten selbständig auszutauschen[7], würde der Unabhängigkeit der europäischen Beamten schweren Schaden zufügen. Zu Recht wird darauf hingewiesen, daß eine solche Praxis „einer Bewirtschaftung der europäischen Planstellen durch die nationalen Ministerialbürokratien" gleichkomme und eine „Fernsteuerung" der Beamten durch den Entsendestaat bedeuten würde[8].

Die durch die Kompetenz des Rates und durch die Entsendung ohnehin schon eingeschränkte Personalautonomie der Kommission würde durch eine solche Praxis bis zur Bedeutungslosigkeit reduziert. Die Kommission würde ihrer Eigenständigkeit beraubt und in vollständige Abhängigkeit von den Mitgliedstaaten geraten.

Neben der Einschränkung der Personalautonomie durch diese Faktoren bestehen die Grenzen und Proporze, die auch im nationalen Bereich bekannt sind und auf die im einzelnen nicht eingegangen werden soll.

Im Hinblick auf den europäischen Dienst ist allerdings auf die zwar nicht institutionalisierte, aber wirkungsvolle Rolle der Kabinette der Kommissionsmitglieder hinzuweisen, die sich häufig für die Förderung der Karriere derjenigen Beamten einsetzen, die dieselbe Nationali-

---

[5] Vgl. dazu *Partsch*, Europ. Bedienstete u. Anstellungsgemeinschaften, DÖV 1961, S. 286; *Holtz*, S. 216.
[6] Vgl. dazu *v. Oertzen*, Entsendung, DÖV 1966, S. 535; *Manzanares*, Europ. öff. Dienst, DÖV 1971, S. 75; *Reuter*, Rapports entre les fonctionnaires européens et leurs pays d'origine, in: Colloque, S. 38.
[7] Vgl. dazu *Neunreither*, Nationale Bürokratie, Dokumente 1970, S. 156; *Brückner*, Recht der Beamten der EG, S. 79; *Holtz*, S. 216.
[8] *Holtz*, S. 216.

tät haben wie das Kommissionsmitglied. Das ist insbesondere der Fall, wenn Berührungspunkte über eine gemeinsame Parteizugehörigkeit bestehen[9].

Es bedarf keiner besonderen Erwähnung, daß gerade diese Verbindungen Auswirkungen auf die Loyalität der Beamten haben können.

Es gehört zur soziologischen Erfahrung, daß die Loyalität eines Beamten leichter auf denjenigen bezogen ist, der ihm den Eintritt in eine Stelle ermöglicht hat, als auf denjenigen, dem er aus der Stelle heraus verpflichtet ist.

Der Bezugspunkt der Loyalität der entsandten Beamten liegt also näher beim entsendenden als beim einstellenden Dienstherrn. Insofern besteht das Problem einer Spaltung der Loyalität schon bei der Einstellung in den europäischen Dienst.

Dieses Problem wird für die entsandten Beamten schwieriger zu lösen sein, die eine Förderung ihrer Karriere im europäischen oder im nationalen oder in beiden Diensten zugleich erstreben.

Im europäischen Dienst sind die Beförderungschancen wegen der begrenzten Zahl der Planstellen und wegen des Nationalitätenproporzes vergleichsweise schlechter als im nationalen Dienst[10].

Angesichts der Mitwirkung der Mitgliedstaaten bei Einstellungen und Beförderungen ist es für die Beamten notwendig, ein gutes Verhältnis zu den Kommissionsmitgliedern der eigenen Nationalität, zur entsendenden Behörde, zu Parteien und zu anderen nationalen Stellen zu unterhalten[11].

b) Aufgaben- und Arbeitsbereich

Das Loyalitätsproblem stellt sich dem entsandten Beamten aber nicht nur bei der Einstellung und der Verfolgung der geplanten Karriere, sondern insbesondere auch bei der Erledigung der ihm übertragenen Aufgaben.

---

[9] Vgl. *Holtz*, S. 222; vgl. dazu auch *Krenzler*, Rolle der Kabinette, EuR 1974, S. 78, 79.

[10] Vgl. dazu *Rogalla*, Dienstrecht der EG, S. 337, der die Beförderungschancen der entsandten deutschen Beamten im Vergleich zu denen in nationalen Dienststellen schlecht beurteilt; zu einem entsprechenden Ergebnis kommt *Manzanares*, S. 77, der die Karriereaussichten mit denen im öffentlichen Dienst der Mitgliedstaaten vergleicht; vgl. auch *Neunreither*, Nationale Bürokratie, S. 156; *Spinelli*, Eurocrats, S. 72; *Scheinman / Feld*, EEC and national civil servants, Intern. Org. 1972, S. 129, 130; *Coombes*, S. 35, 36.

[11] Vgl. dazu *Coombes*, S. 47, 48; *Neunreither*, Nationale Bürokratie, S. 156.

1. Organisation des Dienstes in der Kommission

aa) Aufgaben

Das Arbeitsfeld der in der Verwaltung der Kommission tätigen Beamten deckt sich mit den Aufgaben der Kommission, die sich auf den gesamten von den Verträgen erfaßten Bereich erstrecken[12].

Diese umfassen beispielsweise die Gebiete Wirtschaft und Finanzen, Landwirtschaft, Wettbewerb, soziale Angelegenheiten, Technologie und Wissenschaft, Verkehr, Regionalpolitik, Binnenmarkt und Rechtsangleichung, Entwicklungshilfe, Außenhandel und auswärtige Beziehungen und überschneiden sich damit mit nationalen Aufgaben und Interessen.

Die Aufgaben der Kommission sind allein durch die Zuständigkeit für bestimmte Materien nicht ausreichend gekennzeichnet. Von entscheidender Bedeutung ist, daß der Kommission für alle Aufgaben, die der Erreichung der Vertragsziele dienen, ein Initiativrecht eingeräumt ist[13]. Dadurch wird zwangsläufig in den Bereich der nationalen Aufgabengebiete und Zuständigkeiten eingegriffen[14].

Auch die anderen Befugnisse der Kommission, insbesondere die der Aufsicht über die gesamte Tätigkeit der Mitgliedstaaten, sofern diese mit dem Gemeinschaftsrecht in Verbindung steht, und die der Feststellung mitgliedstaatlicher Vertragsverstöße[15] sowie die Entscheidungsbefugnis in einigen Bereichen[16], machen deutlich, inwieweit die Arbeit der europäischen Beamten in den Aufgaben- und Interessenbereich der Mitgliedstaaten eingreift.

Dadurch ist ein Ausgleich unter den Mitgliedstaaten nötig, den die Kommission unter besonderer Beachtung der Interessen der kleineren Mitgliedstaaten herbeizuführen versucht.

bb) Geschäftsverteilung

Diese Aufgaben der Kommission verteilen sich auf die Beamten und sonstigen Bediensteten, die in 28 Generaldirektionen bzw. den Generaldirektionen gleichgestellten Diensten[17] tätig sind. Die strukturelle

---

[12] Vgl. Art. 155 EWGV; Art. 124 EAGV; Art. 9 - 19 FusV.

[13] Vgl. dazu *Ipsen*, Europ. Gemeinschaftsrecht, S. 360, 361, der die Schlüsselstellung der Kommission hervorhebt.

[14] Vgl. *Zuleeg*, Kompetenzen der EG, JöR, n. F. Bd. 20, S. 3 ff., der auf die Befugnis der Kommission, in den innerstaatlichen Bereich einzugreifen, näher eingeht.

[15] Vgl. Art. 169 EWGV; Art. 141 EAGV; vgl. auch *Zuleeg*, S. 52 ff.

[16] z. B. im Bereich des Wettbewerbs; vgl. dazu *Ipsen*, S. 362.

[17] Vgl. die Übersicht bei *Ipsen*, S. 357; Generaldirektionen bestehen für Auswärtige Beziehungen, Wirtschaft und Finanzen, Landwirtschaft usw., also für Gebiete der Verträge; gleichgestellte Dienste sind z. B. das Generalsekretariat der Kommission und der Juristische Dienst.

Verteilung des Personals ist insbesondere durch den Nationalitätenproporz sowie durch einen streng hierarchischen Aufbau und Instanzenweg gekennzeichnet[18].

Die Generaldirektionen[19] sind in der Regel in drei Direktionen[20] aufgeteilt, diese wiederum in mehrere Abteilungen. Unter der Leitung des Abteilungsleiters[21] arbeiten Hauptreferenten[22] und Referenten[23].

Betrachtet man den Instanzenweg, den zum Beispiel der Entwurf eines deutschen Referenten geht, nämlich über einen niederländischen Abteilungsleiter, von dort über einen französischen Direktor an einen englischen Generaldirektor und schließlich über das Kabinett an das Kommissionsmitglied, so ist festzustellen, daß dieser recht kompliziert ist[24]. Durch die Besetzung der Stellen mit Angehörigen verschiedener Nationalitäten scheint die Vertretung einseitig nationaler Interessen weitgehend ausgeschaltet zu sein[25].

Trotz der strengen Geschäfts- und Zuständigkeitsverteilung ist aber durch die Beteiligung anderer Generaldirektionen und die Einschaltung anderer Organe der EG sowie insbesondere durch die Einwirkung der nationalen Bürokratien[26] die Gefahr einer doppelten Loyalität nicht ausgeschlossen. Diese wird daran deutlich, wie die anfallenden Aufgaben erledigt werden.

cc) Arbeitsweise

Die Arbeitsweise der in der Kommission tätigen Beamten kann mit der in einer Ministerialbürokratie verglichen werden[27].

---

[18] Vgl. dazu *Ipsen*, S. 357; *Rogalla*, Beruf des Europabeamten, ZfZVSt 1966, S. 135; *Coombes*, S. 21.

[19] Die Stelle eines Generaldirektors (A 1) entspricht im Hinblick auf die Funktion etwa der eines Hauptabteilungsleiters (Ministerialdirektor in einem Ministerium des Bundes).

[20] Die des Direktors (A 2) der eines Unterabteilungsleiters (Ministerialdirigent).

[21] Die des Abteilungsleiters (A 3) der eines Referatsleiters (Ministerialrat).

[22] (A 4) entsprechend Regierungsdirektor.

[23] (A 7 - A 5) entsprechend Regierungsrat, Oberregierungsrat.

[24] *Holtz*, S. 224.

[25] Vgl. dazu *Neunreither*, Nationale Bürokratie, S. 156; *Fischer*, Vertretung der Verbände, S. 197, weist darauf hin, daß die einseitige Beeinflussung der Kommissionsbeamten durch einen nationalen Verband schon durch die multinationale Zusammensetzung des Beamtenkörpers weitgehend ausgeschlossen ist.

[26] Vgl. dazu *Holtz*, S. 224, 225.

[27] Zur Stellung der Kommission als Kollegialorgan der Gemeinschaft vgl. *Knöpfle*, Organisation u. Arbeitsweise, EuR 1968, S. 33; *Ipsen*, S. 355.

2. Beeinträchtigung des Dienstes

Im Unterschied zur nationalen Ministerialbürokratie besteht neben der Vielheit von Nationalitäten und den damit zusammenhängenden Problemen des Zusammentreffens verschiedener Verwaltungstraditionen und Sprachen[28] ein Zwang zur Zusammenarbeit mit Beamten aus den Ständigen Vertretungen, aus den nationalen Ministerien und mit den Interessenvertretern aus den Mitgliedstaaten.

Diesem Zwang sind die Beamten der Kommission insbesondere deshalb ausgesetzt, weil sie bei den Vorarbeiten eines Projektes, für das die Kommission die Initiative ergreifen will, auf die genaue Kenntnis der mitgliedstaatlichen Ansichten und Interessen angewiesen sind[29]. Dadurch sind die Beamten im Hinblick auf ihre Loyalitätsverpflichtung gegenüber der EG oft Belastungsproben ausgesetzt; die Loyalität gegenüber der Gemeinschaft kann mit einer Loyalität gegenüber dem eigenen Land kollidieren.

Die Erledigung der Arbeit ist von einem informalen Arbeitsstil und einer offenen kollegialen Haltung zwischen den Angehörigen der verschiedenen Nationalitäten sowohl innerhalb des Verwaltungsapparates der Kommission als auch bei der Zusammenarbeit mit den anderen Organen der Gemeinschaft, den Ständigen Vertretungen und den Beamten aus den Mitgliedstaaten bestimmt[30].

2. Beeinträchtigung des Dienstes

Der Dienst in der Kommission der EG kann jedoch durch Handlungen der Beamten beeinträchtigt werden, die sich nicht nur auf den Dienst in der Kommission, sondern auch auf das nationale Beamtenverhältnis auswirken können.

a) Teilnahme an einem Streik

Durch die Teilnahme an einem Streik wird nicht nur die Arbeit der Kommission und der anderen europäischen Organe gehemmt, für die entsandten Beamten können sich auch Pflichtenkollisionen ergeben.

Im Recht der EG, insbesondere im Statut der Beamten der EG, ist ein Streikrecht nicht vorgesehen.

In den letzten Jahren haben die europäischen Beamten dennoch zur Durchsetzung ihrer vorwiegend besoldungsrechtlichen Forderungen ein Streikrecht für sich in Anspruch genommen[31].

---

[28] Vgl. dazu *Holtz*, S 225.
[29] Vgl. *Everling*, EG und Bundesrepublik Deutschland, in: Dt. Gesellschaft f. Ausw. Politik (Hrsg.), Regionale Verflechtung, S. 73.
[30] Vgl. dazu *Knöpfle*, S. 56, 57.

Obwohl der Streik tatbestandlich ein unerlaubtes Fernbleiben vom Dienst darstellt[32], wurde er von den Organen der EG geduldet[33].

Dennoch können sich für einen entsandten Beamten, der an einem Streik teilnimmt, Loyalitätskonflikte ergeben.

Während die Loyalitätskonflikte für die Beamten, die aus Mitgliedstaaten kommen, die ein grundsätzliches Streikrecht der Beamten anerkennen[34], wenig problematisch sind, ergibt sich für die Beamten aus den Mitgliedstaaten, in denen der Beamtenstreik verboten ist[35], der Fall einer Pflichtenkollision.

Die Lösung einer solchen Kollision könnte darin bestehen, daß der Streik von Beamten in der EG als zulässig angesehen werden kann.

Die Zulässigkeit des Streiks in der EG ließe sich aus einer gemeinsamen Rechtsüberzeugung der Mitgliedstaaten herleiten[36].

In Anbetracht der Rechtslage in den Mitgliedstaaten, in denen der Beamtenstreik generell unzulässig ist, muß festgestellt werden, daß keine einheitliche Rechtsüberzeugung der Mitgliedstaaten vorhanden ist und diese daher auch nicht als Grundlage für die Zulässigkeit eines Streiks der Beamten der EG dienen kann.

Für die Zulässigkeit des Streikrechts kann jedoch angeführt werden, daß mit der Anerkennung des Koalitionsrechts[37] und der über den rechtlichen Rahmen des Personalvertretungs- und Mitspracherechts

---

[31] Bisher im April 1964, im Februar 1965, im März 1966, im Dezember 1970, im Dezember 1972; vgl. dazu *Rogalla*, Beteiligung u. Mitsprache, in: Festschr. Hefermehl, S. 224; *Vandersanden*, Droit de grève, RevMC 1971, S. 470.

[32] Vgl. *Brückner*, S. 96.

[33] Vgl. dazu *Rogalla*, Dienstrecht der EG, S. 322 ff.; *Manzanares*, S. 79; *Hennes*, Begriff des Beamten, S. 195; *Rogalla*, Beteiligung u. Mitsprache, S. 224, weist darauf hin, daß z. B. der Streik 1970 nicht von den Personalvertretungen, sondern von den Gewerkschaften u. Berufsverbänden vorbereitet und geleitet worden ist; *Rogalla*, Dienstrecht der EG, S. 324; und ders., Beteiligung u. Mitsprache, S. 224 Fußn. 67, weist darauf hin, daß Kommission und Rat einen Beschluß gefaßt haben, Streiktage von der Besoldung auszunehmen.

[34] z. B. Frankreich, Italien und England.

[35] z. B. in der Bundesrepublik Deutschland und in den Niederlanden.

[36] *Schröer*, Kollision, AöR, Bd. 90, S. 60, 66; *Brückner*, S. 95, weist darauf hin, daß der EuGH die gemeinsame Rechtsüberzeugung in den Mitgliedstaaten als unmittelbar geltendes Gemeinschaftsrecht anwendet.

[37] Das Koalitionsrecht ist erst in letzter Zeit im Wege einer Änderung des Statuts in dieses aufgenommen worden; vgl. Art. 24 a Statut.
In den Mitgliedstaaten der EG ist das Koalitionsrecht seit langem fester Bestandteil des Beamtenrechts; vgl. dazu *Brückner*, S. 93.
Zur Entwicklung in Frankreich vgl. *Janot*, Beamtentum, AöR, Bd. 81, S. 443 ff.

2. Beeinträchtigung des Dienstes

tatsächlich weit hinausgehenden Beteiligung des Personals[38] auch ein Streikrecht implicite respektiert wird[39].

Dennoch besteht für die Beamten der EG eine unbefriedigende Ungewißheit über die rechtliche Zulässigkeit des Streiks. Dieser Zustand soll nach Auffassung der Kommission durch die Gewährung des Streikrechts und dessen Verankerung im Statut beseitigt werden[40].

Allerdings stößt diese Initiative der Kommission auf den Widerstand der Mitgliedstaaten. Dabei ist hervorzuheben, daß auch die Mitgliedstaaten, in deren nationalem Beamtenrecht ein Streikrecht vorgesehen ist, der Einführung eines Streikrechts für die Beamten der EG ablehnend gegenüberstehen. Damit dürfte den Bestrebungen, ein solches Streikrecht einzuführen, zumindest in absehbarer Zeit kein Erfolg beschieden sein.

Geht man davon aus, daß der Streik von Beamten der EG als rechtmäßig anzusehen ist, so könnten sich dennoch für die entsandten Beamten, in deren Herkunftsstaat der Streik unzulässig ist, Pflichtenkollisionen ergeben.

Eine Kollision würde voraussetzen, daß der entsandte Beamte durch die Teilnahme an einem zulässigen Streik Pflichten aus dem nationalen Dienstverhältnis verletzt.

---

[38] Vgl. oben Teil II, 2. d).

[39] *Schröer*, S. 67; *Vandersanden*, S. 466 ff., 474; *Hennes*, S. 197; *Brückner*, S. 97; *Euler*, Kommentar, Anm. A (4), Exkurs nach Art. 24, empfehlen eine Anerkennung und Regelung des Streikrechts nach französischem Vorbild; *Schröder*, Europ. Dienst, ZBR 1974, S. 178, rät in Anbetracht des derzeitigen Integrationsstandes von der Einführung eines Streikrechts ab.

[40] Ein Vorschlag der Kommission geht davon aus, daß eine Anerkennung des Streikrechts es gestatte, auch die Ausübung dieses Rechts so zu regeln, daß die Kontinuität des öffentlichen Dienstes gewährleistet bleibt.
In dem Vorschlag ist die Einfügung eines neuen Artikels 24 b in das Beamtenstatut vorgesehen, der folgenden Wortlaut hat:
1. Das Streikrecht wird vorbehaltlich der nachstehenden Bestimmungen anerkannt.
2. Gegen Personen, die sich der Streikbewegung nicht anschließen, darf keinerlei Zwang oder Behinderung ausgeübt werden.
3. Der Schutz von Sachen sowie von Personen, die sich der Streikbewegung nicht anschließen, wird gewährleistet.
4. Dem Beginn einer Arbeitsniederlegung muß eine Streikankündigungsfrist vorausgehen.
5. Ein Fernbleiben vom Dienst wegen Streik hat, sofern das Organ nichts anderes beschließt, einen anteiligen Abzug von den Dienstbezügen, nicht jedoch von der Familienzulage zur Folge.
6. Auf der Grundlage der vorstehenden Bestimmungen schließt jedes Organ mit den Vertretern des Personals nach Stellungnahme des Statutsbeirats Durchführungsabkommen.

Zum Vorschlag und dessen Begründung vgl. Drucksache 511/74 des Bundesrats vom 1. 7. 1974, S. 2, 10.

Im Verhältnis zum nationalen Dienstherrn bleiben während der Entsendung zwar die Pflichten aus dem Grundverhältnis bestehen, die Dienstpflichten sind aber suspendiert[41].

Die Teilnahme an einem Streik gegen den europäischen Dienstherrn tangiert daher nur die Dienstpflichten diesem gegenüber und ist ein Tatbestand, dessen Beurteilung sich für einen entsandten Beamten, der für die Dauer der Entsendung dem Statut der Beamten der EG unterstellt ist, nach europäischem Beamtenrecht richtet.

Mit dem Fernbleiben vom Dienst infolge der Teilnahme am Streik kann der entsandte Beamte nach der bisherigen Rechtslage nur eine Dienstpflicht gegenüber dem europäischen Dienstherrn verletzen, eine gleichzeitige Verletzung einer nationalen Dienstpflicht ist nicht möglich.

Die Teilnahme an einem Streik gegen den europäischen Dienstherrn führt damit nicht zu einer Pflichtenkollision. Die Möglichkeit eines subjektiven Loyalitätskonflikts für die entsandten Beamten, denen nach nationalem Recht ein Streik untersagt ist, bleibt aber bestehen.

b) Verletzung von Dienstpflichten

Eine Kollision im Bereich der Pflichten könnte sich dadurch ergeben, daß ein entsandter Beamter eine ihm im Verhältnis zum europäischen Dienstherrn obliegende Dienstpflicht verletzt.

Obwohl es sich hierbei nicht primär um das Zusammentreffen von Pflichten aus zwei Dienstverhältnissen, sondern um mögliche Sanktionen des nationalen Dienstherrn gegen einen Pflichtenverstoß während der Entsendung handelt, ist eine Prüfung möglicher Maßnahmen im Hinblick auf die Unabhängigkeit des europäischen öffentlichen Dienstes von Interesse.

Es stellt sich die Frage, ob neben dem europäischen Dienstherrn auch der nationale Dienstherr den entsandten Beamten disziplinarrechtlich zur Verantwortung ziehen kann[42].

Da die Entsendung das nationale Beamtenverhältnis bestehen läßt, schließt sie die grundsätzliche Unterstellung des Beamten unter die beamtenrechtlichen Gesetze, zu denen auch das Disziplinarrecht zählt, nicht aus[43].

---

[41] Vgl. oben Teil III, 2. a).

[42] Die Frage einer strafrechtlichen Verfolgung soll außer Betracht bleiben.
Die strafrechtliche Verfolgung ist keine Sanktion des Dienstherrn; diesem fehlt dazu die Kompetenz. Vgl. *Clemens*, Der europ. Beamte u. sein Disziplinarrecht, S. 36.

[43] Vgl. z. B. für die Rechtslage in der Bundesrepublik Deutschland *Behnke*, Kommentar zur BDO (Bearb. Lange), § 1 Anm. 5.
Für die Rechtslage in Frankreich Décr. Nr. 59 - 309 v. 14. 2. 1959, JO v.

2. Beeinträchtigung des Dienstes

Es könnte daher ein Konkurrenzverhältnis zwischen europäischem und nationalem Disziplinarrecht bestehen.

Nach seiner Konzeption ist das Disziplinarrecht in den Mitgliedstaaten der EG ein besonderes Recht des Dienstherrn bei der Verletzung von Dienstpflichten und dient ausschließlich der Ahndung von Dienstvergehen[44]. Die Disziplinarbefugnis ist amtsbezogen[45].

Beim Nebeneinander eines nationalen und eines internationalen Dienstverhältnisses, bei dem eine Dispensierung von den nationalen Dienstpflichten besteht, kann wegen einer während der Entsendung begangenen Pflichtverletzung allein der europäische Dienstherr zur disziplinarrechtlichen Ahndung befugt sein[46]. Die Anwendung des nationalen Disziplinarrechts tritt gegenüber der Disziplinarbefugnis des europäischen Dienstherrn zurück.

Es besteht damit keine disziplinarrechtliche Verantwortlichkeit der entsandten Beamten gegenüber ihrer Herkunftsbehörde.

Eine disziplinarrechtliche Verantwortlichkeit gegenüber der Herkunftsbehörde könnte aber in den Fällen gegeben sein, in denen das Dienstverhältnis des entsandten Beamten bei der EG infolge einer schwerwiegenden Verletzung von Dienstpflichten[47] durch eine Disziplinarmaßnahme des europäischen Dienstherrn beendet wird und der Beamte in den nationalen Dienst zurückkehrt.

Da mit der Beendigung des Dienstverhältnisses bei der EG gleichzeitig auch die Entsendung beendet wird, ergeben sich Auswirkungen auf das nationale Beamtenverhältnis.

---

20. 2. 1959 und v. 5. 4. 1959; *Chemillier-Gendreau,* Détachement, Rev. Dr. Pub. Sc. Pol. 1967, S. 671; *Ruzié,* Fonctionnaires intern., S. 16, 17.
Für die Rechtslage in England vgl. oben Teil III, 1. a); beim seconding employment und beim special leave without pay bleibt der Beamte grundsätzlich dem nationalen Beamtenrecht unterstellt.

[44] Vgl. dazu *Clemens,* S. 69 ff., 112 ff.
Die Ausdehnung auf außerdienstliche Verfehlungen steht dem nicht entgegen, da diese in einem Bezug zum Dienstverhältnis stehen müssen.

[45] Vgl. *Behnke* (Bearb. Amelung), § 29 Anm. 3, 4.

[46] Vgl. dazu *Hahn,* Einführung, in: Kaiser, Mayer, Ule (Hrsg.), Recht u. System d. öff. Dienstes, Bd. 4, S. 46; *Behnke* (Bearb. Amelung), § 29 Anm. 4, der darauf hinweist, daß die Disziplinarbefugnis bei einer Beurlaubung eines Beamten zu einer anderen Behörde auf den neuen Dienstherrn übergeht. In § 29 Anm. 3 wird auf den Fall aufmerksam gemacht, in dem ein deutscher Beamter mehrere Ämter, z. B. im Bundesdienst und im Landesdienst, bekleidet. Hier unterliegt der Beamte nur wegen des im Bundesdienst bekleideten Amtes der Disziplinargewalt des Bundes.
Vgl. auch § 86 Abs. 3 Statut, nach dem ein und dieselbe Verfehlung nur eine Disziplinarstrafe nach sich ziehen kann. Diese Vorschrift bezieht sich zwar auf die Disziplinarbefugnis des europäischen Dienstherrn; der in ihr enthaltene Rechtsgedanke wird aber auch vom nationalen Dienstherrn zu beachten sein.

[47] z. B. einer Unterschlagung im Amt oder einer passiven Bestechung.

Für den nationalen Dienstherrn stellt sich die Frage, ob und unter welchen Bedingungen der Beamte im nationalen Dienst weiter beschäftigt werden kann.

Die Auswirkungen auf das nationale Beamtenverhältnis bestehen aber nicht nur in der Beendigung der Entsendung. Die Schwere der während der Entsendung begangenen Verfehlung zeigt, daß auch die Voraussetzungen für die Berufung in das nationale Beamtenverhältnis nachträglich entfallen sein können.

Die Prüfung der von dem entsandten Beamten begangenen Pflichtverletzung aus der Sicht des nationalen Beamtenrechts ist für den nationalen Dienstherrn unverzichtbar; die Einleitung disziplinarrechtlicher Sanktionen scheint unvermeidlich.

Gegen die Durchführung eines Disziplinarverfahrens durch den nationalen Dienstherrn könnten sich jedoch Bedenken aus dem Grundsatz des Verbots der Doppelbestrafung ergeben, der auch im Rahmen des Disziplinarrechts Anwendung findet[48].

Mehrere Disziplinarverfahren wegen einer Tat sind jedoch ohne Verletzung des Grundsatzes „ne bis in idem" zulässig, wenn sie verschiedene Beamtenverhältnisse der Beschuldigten betreffen[49].

Entscheidungskriterium ist auch die Identität des Sachverhalts[50] und die Prüfung der Frage, ob die Sanktion das gesetzwidrige Verhalten abschließend erfaßt hat[51].

Die im Dienst der EG begangene Verfehlung hat sowohl Auswirkungen auf das europäische als auch auf das nationale Dienstverhältnis.

Das Disziplinarrecht der europäischen Beamten erfaßt lediglich die in seinem Geltungsbereich begangene Tat. Es kann folglich nur für diesen Bereich eine abschließende Regelung treffen.

Die Auswirkung der Verfehlung auf das nationale Beamtenverhältnis kann nur nach dem nationalen Disziplinarrecht beurteilt werden.

Da die schwere Verfehlung des entsandten Beamten also zugleich zwei verschiedene Ordnungsbereiche[52] verletzt und auch zwei Sachverhalte zu prüfen sind, nämlich die Störung der Integrität des europäischen und des nationalen Dienstes, ergibt sich wie schon aus dem

---

[48] Vgl. dazu *Maunz / Dürig / Herzog*, Kommentar, Art. 103 Rdziff. 129 (Bearb. Dürig); *Behnke* (Bearb. Amelung), § 32 Anm. 30; *Fliedner*, Verfassungsrechtliche Grenzen mehrfacher Bestrafung, AöR, 99. Bd., S. 246 ff.
[49] *Maunz / Dürig / Herzog*, Art. 103 Rdziff. 129 (Bearb. Dürig), mit Hinweis auf die Entscheidung des Bundesdisziplinarhofs, 2. Bd., S. 60, 80.
[50] *Behnke* (Bearb. Amelung), § 32 Anm. 31.
[51] Vgl. *Fliedner*, S. 262, 278.
[52] Vgl. dazu *Fliedner*, S. 278.

doppelten Status des entsandten Beamten[53], daß der Grundsatz „ne bis in idem" nicht verletzt wird, wenn auch von seiten des nationalen Dienstherrn eine Disziplinarmaßnahme gegen den entsandten Beamten verhängt wird.

Dieses Ergebnis wird bestätigt, wenn man den Schutzzweck des Disziplinarrechts betrachtet, der darin besteht, für seinen Geltungsbereich die Funktionsfähigkeit des Dienstes zu erhalten und äußerstenfalls die Beschäftigung von Beamten zu beenden, die ihre Integrität und Vertrauenswürdigkeit verloren haben.

3. Europäische Beamte und Willensbildungsprozeß der EG

Nach der allgemeinen Betrachtung der Organisation des Dienstes und der Arbeit der europäischen Beamten sowie möglicher Beeinträchtigungen des Dienstes ist auf die Zusammenarbeit der Beamten der Kommission mit europäischen Organen und nationalen Stellen näher einzugehen, da sich hier weitere Loyalitätskonflikte ergeben können.

Die Rolle der Kommissionsbeamten im Willensbildungsprozeß der EG wird nicht ohne eine nähere Betrachtung der parallelen Zuständigkeit von nationaler und europäischer Verwaltung für das Aufgabengebiet des Vertrages[54] und ohne eine Hervorhebung der Bürokratisierung des Entscheidungsprozesses deutlich.

a) Erweiterung des Aufgabenbereichs

Für die Zuständigkeit von nationaler und europäischer Verwaltung ist eine ständige Verlagerung von ehemals nationalen Aufgaben auf die Ebene der Gemeinschaft charakteristisch[55]. Diese ergibt sich daraus, daß die Interessen von Wirtschaft und Forschung in vermehrtem Maße die nationalen Grenzen überschreiten und ein gemeinschaftliches Handeln erforderlich machen. Eine nationale Bürokratie und eine Regie-

---

[53] *v. Oertzen*, S. 538, sieht allein aus diesem Grunde bei schweren Pflichtverletzungen keine Verletzung des Grundsatzes „ne bis in idem"; zustimmend *Hennes*, S. 198.

[54] Vgl. dazu *Everling*, S. 39, 40 ff., der das Spannungsverhältnis zwischen Gemeinschaftspolitik und nationaler Politik anhand von Beispielen aufzeigt. Vgl. auch *Neunreither*, Nationale Bürokratie, S. 158, der von der Antagonie spricht, in der sich europäische und nationale Bürokratie bei der Beschäftigung mit der gleichen Materie befinden.

[55] Zum Prozeß der Entflechtung der nationalen Aufgaben vgl. *Ipsen*, S. 1051, 1052; *Schindler*, Delegation von Zuständigkeiten, S. 30; *Sattler*, Prinzip der funktionellen Integration, S. 19 - 93; *Schmidt*, Beamtenrecht u. europ. Einigung, DöD 1972, S. 61.

rung sind allein nicht mehr in der Lage, die sich immer mehr ausdehnenden Aufgaben befriedigend zu lösen[56].

Es entsteht eine wechselseitige Abhängigkeit von Gemeinschaftshandeln und nationalem Handeln, die alle Beteiligten, insbesondere auch die jeweils beteiligten Beamten, immer wieder in Konfliktsituationen bringt.

Mit den Gemeinschaftsorganen, Kommission und Rat, und der Übertragung des Initiativrechts für alle Aufgaben des Vertrages auf die Kommission und der Entscheidungsbefugnis auf den Rat haben die Gründungsstaaten einen Mechanismus geschaffen, mit dem ehemals nationale Aufgaben auf dem Niveau der Gemeinschaft behandelt werden können, ohne dem Einfluß der Mitgliedstaaten entzogen zu werden[57].

Die institutionell gesicherte Mitwirkung der Mitgliedstaaten auf allen Ebenen des Rates, in Arbeitsgruppen, im Ausschuß der Ständigen Vertreter und im eigentlichen Rat der Minister der verschiedenen Ressorts ist das auffälligste Merkmal für die Macht der Mitgliedstaaten in der Gemeinschaft.

b) Zusammenarbeit mit nationalen Stellen

Weniger auffällig ist die nicht institutionell vorgesehene Mitwirkung der Mitgliedstaaten in einer früheren Phase des Willensbildungsprozesses der Gemeinschaft.

Bei der Vorbereitung eines Vorschlags bildet die Kommission mit nationalen Sachverständigen aus den Ministerien der Mitgliedstaaten, aus Wirtschaft und Gewerkschaften Arbeitsgruppen und veranstaltet

---

[56] Vgl. dazu *Everling*, S. 39; *Holtz*, S. 214.

[57] *Holtz*, S. 213, der die Auffassung vertritt, daß den Regierungen der Mitgliedstaaten eine neue Dimension „außen"-politischen Handelns verschafft worden ist.
Die Integrationstheorie des spill-over (*Haas*, The Uniting of Europe, S. 291 - 299; *Haas*, Beyond the nation-state, S. 407 - 414, 456, 457) geht davon aus, daß die Verlagerung von Aufgaben aus dem Gebiet der Wirtschaft auf die Gemeinschaft automatisch-dynamisch in den Bereich des Politischen übergreift. Zusammen mit der Verlagerung der Loyalitäten der politisch Handelnden auf die Gemeinschaft sei eine Integration erreichbar. Vgl. dazu *Lindberg*, Political dynamics, S. 10, 11.
Die Krisen der Gemeinschaft, insbesondere die Krise 1965/66, machen deutlich, daß der spill-over-Prozeß nicht von selbst funktioniert, sondern der Initiativen der Mitgliedstaaten bedarf, bei denen nach wie vor die Macht zur Bestimmung der Politik der Gemeinschaft liegt.
Vgl. dazu *Häckel*, Theoretische Aspekte, in: Dt. Gesellschaft f. Ausw. Politik (Hrsg.), Regionale Verflechtung, S. 23 ff.; *Everling*, S. 85; *Schwarz*, Europa förderieren, in: Festschr. Eschenburg, S. 425.

3. Europäische Beamte und Willensbildungsprozeß der EG 63

Sitzungen, um sich über die Anschauungen und Interessen zu informieren[58].

Diese Zusammenkünfte, die sich im Laufe der Zeit institutionalisiert haben, sind zwar für die Information der Kommission sehr nützlich, die Mitgliedstaaten haben aber damit über ihre Beamten Gelegenheit zur Einflußnahme in einem sehr frühen Stadium des Willensbildungsprozesses. Sie haben damit schon in der Phase der Vorbereitung des Vorschlags der Kommission die Möglichkeit, lenkende Akzente zu setzen und die Tätigkeit und Entwicklung der Gemeinschaft zu bestimmen[59].

Der Übergang von Aufgaben und Zuständigkeiten auf den Bereich der EG wirkt sich für die nationalen Ministerien daher nicht ungünstig aus. Der Kompetenzverlust wird durch die Mitarbeit und Einflußnahme in allen Phasen des Willensbildungsprozesses ausgeglichen[60]. Die Verlagerung ehemals nationaler Aufgaben auf die Ebene der Gemeinschaft begründet damit nicht nur eine Zuständigkeit der Organe der EG, sondern schafft auch einen neuen Handlungsbereich für die Beamten aus den Ministerien der Mitgliedstaaten, der als transnationaler Zuständigkeitsbereich bezeichnet werden kann[61].

---

[58] Vgl. dazu *Junker*, Entscheidungsprozeß, in: Dt. Gesellschaft f. Ausw. Politik (Hrsg.), Regionale Verflechtung, S. 169, der für das Jahr 1969 1527 Sitzungen mit 17080 Experten angibt. *Ehlermann*, Institutionen, in: Weinstock (Hrsg.), Europa, S. 51, nennt für das Jahr 1972 2250 Sitzungen bei der Kommission, an denen insgesamt 20600 Personen teilgenommen haben.

[59] Vgl. dazu *Everling*, S. 73, 74, 85; *Neunreither*, Nationale Bürokratie, S. 154, weist darauf hin, daß die nationalen Bürokratien ein weitgehendes Beratungsmonopol bei der Kommission besitzen; *Holtz*, S. 214, spricht von einer Fortführung der nationalen Verwaltungstätigkeit mit neuen Mitteln.
Das Recht, die Tätigkeit und Entwicklung der Gemeinschaft zu bestimmen, haben sich die Mitgliedstaaten bei Beendigung der Krise 1965/66 in den Luxemburger Beschlüssen vom 29. 1. 1966 (EuR 1966, S. 73) vorbehalten.
Darin ist es als „wünschenswert" bezeichnet worden, „daß die Kommission, bevor sie einen Vorschlag von besonderer Bedeutung annimmt, in geeigneter Weise über die Ständigen Vertreter mit den Regierungen der Mitgliedstaaten Fühlung nimmt. Dieses Verfahren beeinträchtigt nicht das Vorschlagsrecht, das die Kommission nach dem Vertrag besitzt".
Neunreither, Leitbild des Europ. Parlaments, ZParlF 1971, S. 327, weist zutreffend darauf hin, daß sich von da an der spill-over zum package deal entwickelt hat.

[60] Vgl. dazu *Häckel*, S. 33; *Holtz*, S. 218; *Everling*, S. 86.

[61] Die nationalen Beamten und durch diese die Regierungen handeln dabei nicht im Sinne der Theorie vom „dédoublement fonctionnel" (vgl. dazu *Scelle*, Le phénomène juridique de dédoublement fonctionnel, in: Festschr. Wehberg, S. 324 ff.; *Wiebringhaus*, Réflexions, in: Mélanges Georges Langrod, S. 268, 269; *Pinto*, Organisations européennes, S. 267, 268). Die Frage, ob die Mitgliedstaaten eine Stellung als Gemeinschaftsorgan innehaben, ist nicht nach der Funktion, sondern nach dem Gemeinschaftsrecht zu beantworten, nach dem die Mitgliedstaaten keine Organstellung durch funktionelle Verdoppelung haben. So *Ipsen*, S. 250; vgl. auch *Zuleeg*, Recht der EG, S. 221, 222.

Die Einbeziehung der Mitgliedstaaten bringt für die in die Kommission entsandten Beamten die Gefahr einer Spaltung der Loyalität mit sich. Diese Gefahr besteht insbesondere in der Phase der Vorbereitung eines künftigen Vorschlags der Kommission, in der regelmäßig Zusammenkünfte mit den sachverständigen Ministerialbeamten und Interessenvertretern stattfinden.

Um einige Loyalitätsprobleme der entsandten Beamten näher zu erkennen, bedarf es einer Durchleuchtung der einzelnen Phasen des Willensbildungsprozesses.

aa) Konsultationen mit nationalen Beamten

Die Kommission steht bei der Erarbeitung eines Vorschlags zu einem Gegenstand des Vertrages unter dem Zwang, das Gemeinschaftsinteresse zu ermitteln und dabei zugleich die Interessen der Mitgliedstaaten optimal zu verwirklichen, wobei sie auch die praktische Durchsetzung ihres Vorschlags im Rat vor Augen haben muß.

Im ersten Stadium der Erarbeitung eines Projektes ist daher eine Information über die Ansichten, die Rechts- und Interessenlage in den Mitgliedstaaten erforderlich. Dabei kommt der Kommission zwar die Herkunft ihrer Beamten aus den verschiedenen Mitgliedstaaten zugute; um aber den neuesten Stand an Informationen insbesondere über die politischen Absichten zu erhalten, bedarf es einer Konsultation der Beamten aus den Ministerien der Mitgliedstaaten, die Experten für den entsprechenden Sachbereich sind[62].

Die Kommission ist daher bemüht, einen ständigen Kontakt aufrechtzuerhalten und die Mitgliedstaaten frühzeitig am Willensbildungsprozeß zu beteiligen[63]. In der Phase der Vorbereitung eines Vorschlags bildet sie mit den nationalen Experten Arbeitsgruppen und veranstaltet Sitzungen. Dabei sind die Beamten der Kommission bemüht, von ihren Kollegen aus den Mitgliedstaaten, die in diesem Stadium noch nicht durch ihre Ministerien gebunden sind[64], Ansichten zu erfahren und einen Gedankenaustausch über die Sachprobleme und deren politische Verwirklichung bis zur Fertigstellung des Vorschlags bzw. eines Entwurfs zu pflegen.

Im Laufe dieser Sitzungen, die jahrelang andauern können[65], bietet sich für die Beamten aus den Ministerien der Mitgliedstaaten nicht nur

---

[62] Vgl. dazu *Everling*, S. 73, 74; *Schmitt v. Sydow*, Zusammenarbeit, EuR 1974, S. 68, 69.
[63] Vgl. dazu *Lindberg*, S. 70.
[64] Vgl. dazu *Ipsen*, S. 489; *Remus*, Kommission und Rat, S. 198 Fußn. 214.
[65] Vgl. dazu *Junker*, S. 169.

3. Europäische Beamte und Willensbildungsprozeß der EG

Gelegenheit, die in den anderen Mitgliedstaaten herrschenden Ansichten kennenzulernen und zu erörtern, sondern sie können auch Hinweise geben, inwieweit Lösungen für akzeptabel und politisch durchsetzbar gehalten werden.

Dabei kann die Mitteilung eines nationalen Beamten über die Lösungsvorstellungen seines Ministeriums für einen entsandten Beamten der gleichen Nationalität problematisch werden, insbesondere, wenn er aus dem gleichen Ministerium kommt[66].

Hierbei tritt die Problematik des Nebeneinander von zwei Dienstverhältnissen und zwei Loyalitätsverpflichtungen deutlich hervor.

Im allgemeinen können die Beamten der Kommission Ansichten und Lösungsvorstellungen entgegennehmen und Einigungs- und Kompromißvorschläge machen. Ihr Handlungsspielraum ist allerdings dadurch eingeschränkt, daß die nationalen Beamten von vornherein den Rahmen abstecken und so Einfluß auf die Entscheidung der Kommission in einem sehr frühen Stadium der Willensbildung nehmen[67]. Der Grund dafür liegt auch darin, daß der innerstaatliche Willensbildungsprozeß zu bestimmten Auffassungen und Ergebnissen gekommen ist, die nur unter erheblichen Schwierigkeiten rückgängig gemacht werden können[68].

Dabei besteht die Gefahr, daß die Vertreter der Ministerien versuchen, ihre Kollegen aus der Verwaltung der Kommission für die Verfolgung nationaler Ziele zu gewinnen[69]. Die Folge ist, daß die nationalen Ministerialbürokratien zum eigentlichen Träger des Willensbildungsprozesses werden und die Kommission zum ausführenden Organ degradieren[70].

Es darf jedoch nicht verkannt werden, daß die Beeinflussung von Beamten der Kommission trotz des starken Einflusses der Mitgliedstaaten nicht uneingeschränkt möglich ist.

Einseitig nationale Interessen können gegen die Vertreter aus den Ministerien der anderen Mitgliedstaaten kaum durchgesetzt werden. Außerdem bilden die multinationale Besetzung der Stellen in der Ver-

---

[66] *Neunreither*, Nationale Bürokratie, S. 157, weist auf die Gefahr hin, daß die europ. Beamten ebenso wie ihre Kollegen in der OECD, der ECE oder der FAO zu Registratoren nationalen Willens werden könnten.
[67] Vgl. dazu *Lindberg*, S. 65.
[68] Darauf weist *Everling*, S. 49, 50, hin.
[69] Vgl. dazu *Holtz*, S. 216, 217.
[70] Vgl. dazu *Holtz*, S. 214, 216, 217; *Spinelli*, Eurocrats, S. 97, der hervorhebt, daß die nationalen Beamten trotz der Zusammenarbeit mit der Kommission nicht echte Initiatoren einer Gemeinschaftshandlung sind; *Everling*, S. 74, der auf die Notwendigkeit, einen Interessenausgleich zu finden, hinweist.

waltung der Kommission und der vorgeschriebene Instanzenweg ein Hindernis bei der Verfolgung einseitig nationaler Interessen[71].

Trotz dieser Hindernisse kann es aber besondere Situationen geben, die für eine Spaltung der Loyalität ursächlich sein können.

Es kann daher festgestellt werden, daß in dem Stadium der Willensbildung der Gemeinschaft, in dem ein zukünftiger Vorschlag der Kommission mit Vertretern aus den Ministerien der Mitgliedstaaten beraten wird, für die entsandten Beamten die Gefahr einer doppelten Loyalität besteht.

bb) Konsultationen mit Interessenvertretern

Diese Gefahr besteht aber nicht nur bei den Konsultationen mit den Vertretern aus den Ministerien der Mitgliedstaaten. Je nach Art der zu beratenden Materie kann es auch notwendig sein, Sachverständige aus der Wirtschaft, den Interessenverbänden und den Gewerkschaften zu hören. Dieser Kontakt wirkt sich zwar nicht so sehr auf die Loyalitätsbindungen aus dem Nebeneinanderbestehen von zwei Dienstverhältnissen aus, er berührt aber die allgemeine Verpflichtung zur Wahrung der Unabhängigkeit von äußeren Einflüssen.

Die Interessenvertreter sind für die Beamten der Kommission wegen ihrer speziellen Kenntnisse oft begehrte Gesprächspartner. Die Kommission hat sich daher stets um direkte Beziehungen zu den verschiedenen Interessengruppen bemüht, die allerdings nur mit den übernationalen Zusammenschlüssen auf Gemeinschaftsebene gepflegt werden[72]. Durch diese Art der Konsultation entsteht für die nationalen Beamten, die an der Beratung mitwirken, die Aufgabe, nicht nur die Ansichten ihres Ministeriums zu vertreten, sondern auch die Interessen der nationalen Interessengruppen zu berücksichtigen.

Die Beziehungen der Kommission zu den Interessenverbänden sind mit Ausnahme der Generaldirektion Landwirtschaft, die über eine eigene Abteilung für die Beziehung zu den Verbänden verfügt, nicht besonders geregelt. Dadurch besteht die Gefahr einer unkontrollierbaren Beeinflussung der Beamten der Kommission[73].

---

[71] Vgl. oben Teil IV, 1. b).

[72] Vgl. dazu *Lindberg*, S. 98, 99; *Neunreither*, Nationale Bürokratie, S. 154; *Fischer*, S. 41 ff., dort Übersicht über die Verbände; nach den Angaben von *Ehlermann*, S. 51, gab es Anfang 1973 ca. 600 auf Gemeinschaftsebene organisierte Interessenverbände.

[73] Davor warnen *Fischer*, S. 196; *Rittstieg*, Wirtschaftsverbände, S. 145, 146; *Ipsen*, S. 490.

cc) Kontakte außerhalb der Konsultationen

Außerhalb der Beratungen mit den nationalen Beamten und den Vertretern der Interessenverbände stellen sich immer wieder Situationen ein, die für die entsandten Beamten hinsichtlich ihrer Loyalitätsverpflichtung problematisch werden können.

Eine wichtige Rolle spielen dabei die bilateralen Kontakte der Beamten der Kommission zu den Ständigen Vertretungen und den Ministerien der Mitgliedstaaten, die durch Telefongespräche und Dienstreisen zu einer permanenten Konsultation ausgebaut werden[74].

Neben den bilateralen Gesprächen bestehen zahlreiche weitere Kontaktmöglichkeiten, von denen beispielsweise nur eine gemeinsame Bahnfahrt in die Hauptstadt eines Mitgliedstaates[75] oder private freundschaftliche Beziehungen erwähnt werden sollen[76].

Nachdem die Kommission die Ministerien und Interessenvertreter konsultiert hat, prüft sie mit dem Ausschuß der Ständigen Vertreter die Realisierbarkeit des Vorschlags im Rat und faßt einen entsprechenden Beschluß[77]. Die erste Phase des Willensbildungsprozesses ist damit abgeschlossen.

c) Beteiligung am offiziellen Entscheidungsprozeß

Die zweite Phase des nunmehr offiziellen Willensbildungsprozesses beginnt mit der Zustellung des Vorschlags der Kommission an den Präsidenten des Rates.

Nachdem der Vorschlag der Kommission beim Rat eingegangen ist, erfolgt je nach Art des Vorschlags und der Materie eine Anhörung des Wirtschafts- und Sozialausschusses[78] und des Europäischen Parlamentes[79], die dem Rat obliegt[80].

Obwohl die Stellungnahmen des Wirtschafts- und Sozialausschusses und des Europäischen Parlaments für den Rat nicht verbindlich sind, kommt ihrer Tätigkeit insofern eine besondere Bedeutung zu, als hier versucht wird, Spannungen zwischen nationaler und gemeinschaftlicher Politik zu lösen[81], was schon in diesem Stadium nicht einfach ist, weil

---

[74] Vgl. dazu *Everling*, S. 81; *Lindberg*, S. 84; *Fischer*, S. 188.
[75] Vgl. dazu *Lemaignen*, L'Europe, S. 43 ff., mit der Schilderung der Kontakte im TEE Brüssel—Paris, den er als Annex der Gemeinschaftseinrichtungen bezeichnet.
[76] Vgl. dazu *Holtz*, S. 218; *Everling*, S. 74.
[77] Vgl. dazu *Ipsen*, S. 490, 491.
[78] Vgl. Art. 198 EWGV; Art. 170 EAGV.
[79] Vgl. Art. 137 ff. EWGV; Art. 107 ff. EAGV.
[80] Vgl. *Junker*, S. 169.
[81] *Everling*, S. 74, 75.

die Regierungen der Mitgliedstaaten auf die verschiedenste Weise versuchen, die Mitglieder des Wirtschafts- und Sozialausschusses und die Abgeordneten des Europäischen Parlaments zu beeinflussen[82].

Nachdem der Wirtschafts- und Sozialausschuß und das Europäische Parlament ihre Stellungnahmen abgegeben haben, beginnt das dreistufige Beratungs- und Entscheidungsverfahren im Rat.

Auf der ersten Ebene wird der Vorschlag der Kommission in Arbeitsgruppen[83] beraten, die sich aus Beamten der Ständigen Vertretungen und der nationalen Ministerien sowie Vertretern der Kommission zusammensetzen. Die Beamten aus den Ständigen Vertretungen und aus den Ministerien der Mitgliedstaaten, die meistens schon an den Beratungen in der ersten Phase mit der Kommission teilgenommen haben, wirken jetzt mit bestimmten Weisungen mit[84].

Für die entsandten Beamten, die als Vertreter der Kommission an der Beratung teilnehmen, können sich hier wie auch schon in der ersten Phase der Vorbereitung des Vorschlags Loyalitätskonflikte einstellen. Es besteht auch hier die Gefahr, den Argumenten der Kollegen der eigenen Nation mehr Gewicht einzuräumen, als diesen nach einer objektiven Betrachtung und Abwägung der Standpunkte aller Delegationen zukommt.

Die Beratung in den Arbeitsgruppen beim Rat wird mit einem Bericht abgeschlossen, der vom Sekretariat verfaßt und der nächsten Instanz, dem Ausschuß der Ständigen Vertreter, vorgelegt wird, dessen Aufgabe in der Koordinierung der mitgliedstaatlichen Interessen und in der Vorbereitung der Arbeit beim Rat liegt[85].

Auf dieser schon politischen Ebene sollen die offengebliebenen Punkte mit den Mitteln der Politik ausgeglichen werden. Hierbei fällt den Beamten der Kommission eine besondere Rolle in der Mitwirkung zu. Ihre Vermittlungsvorschläge können ebenfalls über den materiellen in den politischen Bereich hineinreichen[86].

Auf der dritten ausschließlich politischen Ebene, im Rat der Minister, wird der Entscheidungsprozeß mit dem Beschluß über den in vielen

---

[82] *Everling*, S. 75.

[83] Nach Angaben von *Ehlermann*, S. 51, gab es Anfang 1973 insgesamt 112 Arbeitsgruppen.

[84] Vgl. dazu *Holtz*, S. 217.

[85] Vgl. dazu *Junker*, S. 172, 173; *Salmon*, Le rôle des représentations permanentes, in: La décision, S. 57 ff.; *Noël*, Ausschuß der Ständigen Vertreter, EuR 1967, S. 24 ff., insb. S. 32, 42, 43, 50 - 52; *Noël / Etienne*, Entwicklung, EuR 1972, S. 146 ff.

[86] *Everling*, S. 75, hebt die Macht der Bürokratie bei der Ausübung legislativer Funktionen hervor.

Fällen geänderten Vorschlag der Kommission abgeschlossen. In dieser Instanz ist die Mitwirkung der Beamten auf die Unterstützung der für die Materie zuständigen Mitglieder der Kommission beschränkt. Bei einer Ablehnung des Vorschlags durch den Rat, die regelmäßig zur Rückverweisung an die Ständigen Vertreter und eine Arbeitsgruppe führt, wird dann ihre Mitarbeit in einem erneuten Beratungs- und Entscheidungsprozeß in verstärktem Maße notwendig.

4. Ergebnis

Nach der Darstellung der Beteiligung der Beamten der Kommission am Verlauf des Willensbildungs- und Entscheidungsprozesses der Gemeinschaft kann festgestellt werden, daß sich die der Entsendung immanente Gefahr einer doppelten Loyalität während des Willensbildungsprozesses der Gemeinschaft auf vielfache Weise konkretisieren kann.

Die Konsultationen mit den Beamten aus den nationalen Ministerien bringen die Gefahr von Loyalitätskonflikten mit sich, die sich während der bilateralen Zusammenarbeit der Kommission mit den Ministerien der Mitgliedstaaten erhöht und bis in das Beratungs- und Entscheidungsverfahren beim Rat fortsetzt.

Versucht man nun nach der Darstellung der Situationen, die für die Loyalität der entsandten Beamten problematisch werden können, ein Bild von denjenigen Beamten zu gewinnen, für die die Gefahr einer Loyalitätsspaltung besonders groß ist, so muß erkannt werden, daß eine exakte Bestimmung eines „Tätertyps" nicht möglich ist.

Bei der Darstellung des Systems der Entsendung ist deutlich geworden, daß das Nebeneinander der Loyalitätsverpflichtung aus dem nationalen und dem europäischen Dienstverhältnis für die entsandten Beamten problematisch werden kann, die die Entsendung in den Dienst der Kommission als karrierefördernde Unterbrechung des nationalen Beamtenverhältnisses betrachten.

Eine Ursache für die doppelte Loyalität wird daher im beruflichen Ehrgeiz zu finden sein, obwohl für die Spaltung der Loyalität auch die sonstige charakterliche Veranlagung des einzelnen Beamten maßgeblich sein kann. Beispielsweise werden Loyalitätskonflikte bei Beamten mit wenig ausgeprägter Selbstdisziplin problematisch, die in der Arbeit der europäischen Behörden den Versuch sehen, die nationalen Verwaltungen ihrer Kompetenzen zu berauben und die Beamten aus den Ministerien der Mitgliedstaaten zu übergehen[87].

---

[87] Vgl. *v. Plehwe*, Intern. Organisationen, S. 87, 88.

TEIL V

Lösungsmöglichkeiten für das Loyalitätsproblem

1. Problemstellung

Es stellt sich nun die Frage, mit welchen Gestaltungsmitteln der für die entsandten Beamten bestehenden Gefahr einer doppelten Loyalität entgegengewirkt werden kann.

Die Prüfung dieser Frage führt unmittelbar zu dem grundsätzlichen Problem der Eignung des Rechts, ein bestimmtes menschliches Verhalten hervorzubringen.

Das klassische Mittel der Rechtsordnung zur Erzeugung eines bestimmten Verhaltens besteht in den in allen Bereichen des Rechts vorgesehenen Sanktionen, denen eine Doppelfunktion zukommt, nämlich einerseits die, ordnungswidriges Verhalten zu ahnden, und andererseits die, das von der Rechtsordnung vorgeschriebene Verhalten hervorzubringen.

Auf dem Gebiet des Strafrechts ist die Kriminalstrafe mit ihrer spezial- und generalpräventiven Funktion[1] die Sanktion, mit der ein strafrechtskonformes Verhalten gewährleistet werden soll.

Beispielsweise verlangen die Vorschriften des Strafgesetzbuches, die die verfassungsmäßige Ordnung, den Bestand und die Machtstellung der Bundesrepublik schützen[2], ein loyales Verhalten gegenüber dem Staat, seiner Verfassung und seinen Gesetzen.

Die Strafvorschrift über die Untreue[3] bezweckt neben dem Schutz des Vermögens auch den Schutz des zwischen dem Täter und dem Verletzten bestehenden besonderen Vertrauensverhältnisses[4].

Die Ahndung der passiven Bestechung[5] dient der Aufrechterhaltung des Vertrauens der Allgemeinheit in die Sachlichkeit und Unparteilichkeit des öffentlichen Dienstes[6]. Die Strafvorschriften über die

---

[1] Vgl. dazu Welzel, Strafrecht, S. 9.
[2] §§ 80 ff. StGB.
[3] § 266 StGB.
[4] Vgl. dazu Schönke / Schröder, Kommentar, § 266, Anm. I.
[5] §§ 331, 332, 334 StGB.
[6] Vgl. dazu Welzel, S. 539; Schönke / Schröder, § 331, Anm. 1, 2.

1. Problemstellung

passive Bestechung fordern damit indirekt ein loyales Verhalten der Beamten[7] gegenüber dem Staat.

Im Zivilrecht sind nur wenige Sanktionen vorhanden, mit denen eine Rechtsverletzung geahndet werden kann.

Der Grund dafür liegt darin, daß die häufigste Folge menschlichen Fehlverhaltens im Zivilrecht in der Verpflichtung zum Schadensersatz besteht, dessen wesentliche Funktion nicht als Sanktion aufgefaßt, sondern von dem Gedanken der Ausgleichung bestimmt ist[8].

Lediglich beim Ersatz des immateriellen Schadens spielen Gedanken der Poenalisierung und Prävention[9] insofern eine Rolle, als in diesem Schadensersatz der Gesichtspunkt der Genugtuung berücksichtigt wird[10], der jedoch von untergeordneter Bedeutung ist und keine Sanktion eines Unrechts darstellt.

Dennoch ist die Schadensersatzverpflichtung des Zivilrechts wie eine Sanktion geeignet, ein Verhalten herbeizuführen, das fremde Rechtsgüter achtet.

Gestaltungsmittel des Zivilrechts mit dem Charakter einer Sanktion können ferner in der Vereinbarung einer Vertragsstrafe und in den vor allem im Handelsrecht gebräuchlichen Konkurrenzklauseln gesehen werden, durch die ein Angestellter bei freiwilligem Ausscheiden aus einem Unternehmen durch Festlegung einer Sperrfrist daran gehindert werden soll, sein Wissen und seine Erfahrung in einem branchengleichen anderen Unternehmen sofort weiterzuverwerten.

Die Gestaltungsmittel des Rechts mit ausgeprägtem Sanktionscharakter gehören dem öffentlichen Recht an. Zu ihnen zählt das Disziplinarrecht der Beamten und das Standesrecht der freien Berufe.

Während durch das Disziplinarrecht der Beamten die interne Ordnung der Beamtenschaft und die loyale Erfüllung der den Beamten obliegenden Pflichten gesichert werden sollen[11], bezweckt das Standesrecht der freien Berufe[12], denen eine vergleichbare interne Ordnung fehlt, den Schutz der Allgemeinheit vor unkorrekter Berufsausübung, der freilich im Interesse des Standes gewährt wird[13].

---

[7] Nach dem Beamtenbegriff in § 359 StGB.
[8] So die h. M.; vgl. z. B. *Larenz*, Schuldrecht, AT, S. 307; *Esser*, Schuldrecht, Bd. 1, S. 267.
[9] Vgl. dazu *Esser*, S. 267.
[10] Vgl. dazu *Esser*, S. 267; *Larenz*, S. 334.
[11] Vgl. dazu oben Teil I, 4.
[12] Vgl. z. B. für die Rechtsanwälte §§ 43 ff., §§ 92 ff. BRAO; für die Ärzte das Ärztekammergesetz (NRW) vom 3. Juni 1954.
[13] *Behnke*, Kommentar zur BDO (Bearb. Arndt), Einführung, S. 61.
Dem Schutz der Gesellschaft dienen auch die Strafbarkeit der Verletzung

Teil V: Lösungsmöglichkeiten für das Loyalitätsproblem

Eine Sanktion besonderer Art besteht in dem disziplinarrechtlichen Vorgehen der katholischen Kirche gegen einen Priester, der gegen eine ihm obliegende Pflicht verstößt, beispielsweise durch Verletzung des Beichtgeheimnisses[14].

Die Besonderheit der disziplinarrechtlichen Sanktion der katholischen Kirche wird ohne eine Betrachtung des Dienstverhältnisses der Priester nicht verständlich.

Die Priester befinden sich in einem öffentlich-rechtlichen Dienstverhältnis rein kirchenrechtlicher Natur[15]. Sie werden durch den Bischof ernannt und kanonisch instituiert[16] und unterstehen diesem vollständig in allen geistlichen und weltlichen Angelegenheiten ihres Berufes[17].

Aus der unbedingten Unterordnung unter die Autorität des Bischofs folgt auch der Charakter der Disziplinarmaßnahmen der katholischen Kirche[18]. Sie haben nicht nur den Charakter eines Ordnungsrechts, das die loyale Erfüllung der Dienstpflichten sichern soll, sondern sind zugleich geistliche Zuchtmaßnahmen, die im Interesse der kirchlichen Lehre verhängt werden[19].

Von den disziplinarrechtlichen Sanktionen der katholischen Kirche geht damit eine gestaltende Wirkung aus, die die des staatlichen und ständischen Disziplinarrechts übertrifft.

Anhand der nur beispielhaften Aufzählung von Gestaltungsmitteln des Rechts, die trotz ihrer unterschiedlichen Prägung neben der Sanktion den Zweck verfolgen, ein ordnungsgemäßes Verhalten zu gewährleisten, läßt sich erkennen, daß durch das Recht zwar mit unmittelbarer Wirkung für die Gesellschaft ein bestimmtes Verhalten vorgeschrieben und ein Fehlverhalten sanktioniert werden kann. Das Recht vermag aber nicht, die im Bereich des Psychologisch-Soziologischen liegenden Grundlagen für ein loyales Verhalten zu erzeugen.

---

des Berufsgeheimnisses (§ 300 StGB) und das Zeugnisverweigerungsrecht aus beruflichen Gründen (§ 52 StPO, § 383 ZPO).

[14] Dieser ist häufig ein Loyalitätskonflikt vorausgegangen.

[15] Nach Art. 140 GG i. Verb. mit Art. 137 WRV sind die Kirchen Körperschaften des öffentlichen Rechts.
Zum Problem näher *v. Campenhausen*, Staatskirchenrecht, S. 116; *Scheven*, Ist der kirchliche Dienst öffentlicher Dienst? ZBR 1964, S. 289 ff.

[16] Vgl. *Erler*, Kirchenrecht, S. 120.

[17] Vgl. *Scheven*, S. 290.

[18] Die Normen des Disziplinarrechts der katholischen Kirche sind im kanonischen Strafrecht des Codex Juris Canonici von 1917 enthalten; vgl. *v. Campenhausen*, S. 236, Fußnote 421.

[19] Das Disziplinarrecht der evangelischen Kirche, das seinen Ursprung ebenfalls im kanonischen Strafrecht hat (*v. Campenhausen*, S. 236, Fußnote 421) ist, wie überhaupt das Dienstrecht der evangelischen Kirche, dem staatlichen Beamtenrecht vergleichbar (vgl. *Scheven*, S. 291).

2. Gestaltungsmittel im Beamtenrecht der EG

Es fragt sich nun, inwieweit die Gestaltungsmittel des Beamtenrechts der EG ein loyales Verhalten der Beamten gegenüber der Gemeinschaft bewirken können.

Dazu sollen die Gestaltungsmittel des Beamtenrechts der EG im Hinblick auf ihre Effizienz überprüft werden. Ferner soll untersucht werden, ob eine Rechtsangleichung der Entsendungsvorschriften einen Beitrag zur Lösung des Problems der doppelten Loyalität leisten kann und ob dieses Problem durch eine Neuordnung des Personalwesens und durch eine fortschreitende Integration und Weiterentwicklung der Gemeinschaft gelöst werden kann.

Die Gestaltungsmittel des Beamtenrechts der EG verfolgen das Ziel, die Beamten zur Loyalität gegenüber der Gemeinschaft und zur Unabhängigkeit von dritter Seite zu verpflichten.

a) Anstellung auf Dauer

Die Berufung in ein Beamtenverhältnis auf Lebenszeit[20] ist ein geeignetes Mittel, um den europäischen Beamten einen sicheren Arbeitsplatz und einen bestimmten Aufgabenbereich zu garantieren und ihnen einen Ausgleich für eine eventuell vorher innegehabte Stelle im nationalen öffentlichen Dienst zu gewähren.

Abgesehen davon, daß die Stelle im internationalen Dienst nicht den Stabilitätswert hat wie eine vergleichbare Stelle im nationalen Dienst[21], ist die Anstellung auf Dauer nur hinsichtlich derjenigen Beamten ein geeignetes Gestaltungsmittel zur Förderung einer ausschließlich auf die EG ausgerichteten Loyalität, die sich von vornherein für den Dienst in der Gemeinschaft entschieden haben.

Für die entsandten Beamten, die gleichzeitig im nationalen Dienst eine Stelle auf Lebenszeit besetzen, entsteht mit der Berufung in ein auf Dauer angelegtes Beamtenverhältnis bei der EG das Nebeneinander von zwei Dienstverhältnissen und der dabei konkurrierenden Loyalitätsverpflichtungen. Die Anstellung auf Dauer im europäischen Dienst hat daher für die entsandten Beamten keine gestaltende Wirkung im Hinblick auf eine auf die Gemeinschaft auszurichtende Loyalität.

b) Art. 11

Das entscheidende Gestaltungsmittel zur Lösung des Problems der doppelten Loyalität ist in Form einer Verpflichtung im Statut enthalten.

---

[20] Vgl. oben Teil II, 2. a).
[21] Vgl. oben Teil III, 2. b).

Es ist die Verpflichtung des Art. 11, nach der der Beamte sich ausschließlich von den Interessen der Gemeinschaft leiten zu lassen hat und von keiner dritten Stelle Weisungen anfordern oder entgegennehmen darf.

Mit dieser Vorschrift werden zwar für die entsandten Beamten und die Mitgliedstaaten klare Verhältnisse geschaffen. Die Beamten sind ausschließlich den Interessen der Gemeinschaft und den Zielen des Vertrages verpflichtet, und die Mitgliedstaaten sind an die Bestimmung des Statuts dadurch gebunden, daß das Statut als Verordnung des Rates in den Mitgliedstaaten unmittelbare Geltung hat[22].

Dieses Gestaltungsmittel hat jedoch den Nachteil, daß mit Hilfe des Rechts die psychologischen und soziologischen Grundlagen einer ausschließlich auf den europäischen Dienstherrn bezogenen Loyalität geschaffen werden sollen[23], die sich letztlich doch einer rechtlichen Gestaltung entzieht und den Problemen, die sich aus dem Nebeneinander von zwei Dienstverhältnissen ergeben, einen weiten Raum läßt. Die Gefahr, daß der entsandte Beamte als Werkzeug der Entsendestaates gebraucht wird, kann nicht ausgeschaltet werden.

c) Disziplinarrecht

Die Ahndung pflichtwidrigen Handelns durch Sanktionen des Disziplinarrechts[24] ist zwar grundsätzlich geeignet, die loyale Erfüllung der den Beamten obliegenden Pflichten zu gewährleisten.

In der Praxis bestehen aber Schwierigkeiten, Verstöße gegen die Loyalitätspflicht zu beweisen. Das soll an folgendem Beispiel verdeutlicht werden: Die Dienstreise eines aus dem Wirtschaftsministerium in die Kommission entsandten deutschen Beamten nach Bonn ist unbestrittenermaßen notwendig, um Informationen für die Erarbeitung eines bestimmten Projektes einzuholen. Ob der Beamte während der Besprechungen in Bonn Weisungen erbittet oder entgegennimmt, läßt sich nicht feststellen. Die Möglichkeiten der Beeinflussung sind zu subtil, als daß daraus mit hinreichender Sicherheit ein Pflichtverstoß nachgewiesen werden könnte. Im übrigen liegt mit einer Spaltung der Loyalität auch nicht zwangsläufig gleichzeitig ein Pflichtverstoß vor.

Die sich gerade für die entsandten Beamten anbietende praktische Lösung von Loyalitätskonflikten, die die Frage, inwieweit eine Kollision der verschiedenen Loyalitätsverpflichtungen überhaupt den Tatbestand

---

[22] Vgl. Art. 189 Abs. 3 EWGV; Art. 161 Abs. 2 EAVG.
[23] Vgl. oben Teil II, 2. c).
[24] Die Disziplinarverfahren sind als geheime Verfahren (vgl. Anhang II, Abschnitt 3, Art. 6 Statut) keinen Untersuchungen zugänglich.

einer Pflichtverletzung erfüllt, dahingestellt sein läßt, besteht in der Beendigung der Entsendung durch Intervention der Kommission oder direkt durch den Entsendestaat.

Die auch aus diesem Grunde seltene Anwendung des Disziplinarrechts läßt erkennen, daß auch das Disziplinarrecht für das besondere Problem der doppelten Loyalität keinen wesentlichen Lösungsbeitrag leisten kann.

d) Vorrechte und Befreiungen

Ein weiteres Gestaltungsmittel ist die Gewährung von Vorrechten und Befreiungen.

Da die Vorrechte und Befreiungen ausschließlich im Interesse der EG gewährt werden und eine unabhängige Funktion des Dienstes erleichtern sollen[25], können sie als weitere rechtliche Ausgestaltung des in Art. 11 des Statuts der Beamten der EG enthaltenen Gedankens einer vom Einfluß der Mitgliedstaaten unabhängigen Arbeit aufgefaßt werden[26].

Die Unabhängigkeit der Arbeit für die EG kann bei genauerer Prüfung der Vorrechte und Befreiungen unmittelbar nur durch die Gewährung der Immunität von der Gerichtsbarkeit in bezug auf alle in amtlicher Eigenschaft vorgenommenen Handlungen gefördert werden.

Die anderen Rechte, angefangen von der Befreiung von der Meldepflicht bis zu den Erleichterungen auf dem Gebiet des Währungs- und Devisenrechts, erleichtern zwar das Leben im Ausland und können sich auf diesem Wege auch auf die Arbeit der Beamten auswirken. Es muß aber bezweifelt werden, ob diese traditionellen Rechte der Diplomaten noch geeignete Mittel zur Förderung einer loyalen und unabhängigen Arbeit der Beamten sind[27].

Die Gewährung der Immunität dient insofern der Unabhängigkeit, als die Rechte der Beamten der EG gegenüber staatlicher Autorität weiter gehen als die Rechte der Diplomaten. Der Grund dafür liegt darin, daß sich die Beamten der Kommission im Rahmen ihrer Aufgaben in die innere Politik einmischen können, einerseits um Vorschläge der Kommission zu erarbeiten, insbesondere aber auch, um die Einhaltung des Vertrages und des Gemeinschaftsrechts zu überwachen.

---

[25] Vgl. oben Teil II, 2. d).
[26] Vgl. dazu *Kordt*, Funktionär, in: Festschr. Kaufmann, S. 206.
[27] Vgl. dazu *Barandon*, Rechtsstellung, S. 22, der darauf hinweist, daß es auf den Schutz der sachlichen Funktionen, nicht aber auf die Gebräuche der internationalen Courtoisie ankommt.

e) Besoldung und Versorgung

Die Besoldung und Versorgung gehören zu den klassischen beamtenrechtlichen Mitteln, mit denen Unabhängigkeit und eine ausschließlich auf den Dienstherrn bezogene Loyalität gefördert werden sollen.

In Verbindung mit der streng hierarchischen Ordnung und dem Sachzwang bei der Arbeit mag die Besoldung, insbesondere auch durch die Unverzichtbarkeit der Dienstbezüge[28], als ausreichendes Korrektiv angesehen werden, um einem illoyalen Verhalten entgegenzuwirken[29]. Da die entsandten Beamten aber unter Wahrung ihrer Rechte in den nationalen Dienst zurückkehren können, verfehlt auch dieses Gestaltungsmittel des Statuts für sie seine Wirkung.

Die finanzielle Unabhängigkeit der Beamten während der Zeit der Entsendung würde durch die außerhalb des Bereiches der EG geübte und auch unter einigen Mitgliedstaaten diskutierte Praxis, die entsandten Beamten nach der eigenen Besoldungsordnung selbst zu entlohnen und sich die von der jeweiligen internationalen Organisation für die betreffenden Beamten vorgesehenen Gehälter erstatten zu lassen, zunichte gemacht[30].

Ebenso würde die finanzielle Unabhängigkeit der Beamten vom Entsendestaat durch die Zahlung von Zulagen beeinträchtigt, die der entsendende Staat seinen Beamten während der Zeit der Entsendung überweist.

Es ist zu befürchten, daß eine Beeinträchtigung der finanziellen Unabhängigkeit durch die vollständige Besoldung oder durch die Zahlung von besonderen Zulagen durch den Herkunftsstaat während der Entsendung den europäischen Dienst seiner Unabhängigkeit vollends berauben würde.

Es soll zwar nicht verkannt werden, daß die Besoldung der Beamten der EG aus dem von den Mitgliedstaaten gemeinsam getragenen Budget vorgenommen wird, also indirekt durch die Mitgliedstaaten erfolgt.

Die Besoldung der entsandten Beamten durch den europäischen Dienstherrn hat aber durch die Gleichbehandlung aller Beamten eine Bedeutung, die über die Demonstration einer von nationalen Einflüssen unabhängigen Stellung der Beamten hinausgeht[31].

---

[28] Vgl. Art. 62 Abs. 2 Statut.

[29] Vgl. *Rogalla*, Dienstrecht, in: Gustav-Stresemann-Institut (Hrsg.), Einführung in die Rechtsfragen, S. 92, der in den finanziellen Bindungen und in dem Sachzwang bei der täglichen Arbeit ein ausreichendes Korrektiv sieht, um Versuchungen zu illoyalem Verhalten entgegenzuwirken.

[30] So z. B. die Praxis der USA, der Sowjetunion, Kanadas, der Schweiz und Großbritanniens; vgl. dazu *v. Plehwe*, Intern. Organisationen, S. 87.

[31] Vgl. dazu *v. Plehwe*, S. 87.

Die Tatsache, daß zur Durchsetzung besoldungsrechtlicher Forderungen in den letzten Jahren Streiks durchgeführt wurden[32], verdeutlicht den Stellenwert, den die Besoldung für die europäischen Beamten hat.

Es liegt damit der Schluß nahe, daß die Besoldung die eigentliche Stütze und das wirksamste Gestaltungsmittel zur Erhaltung der Kontinuität und Funktion des europäischen Dienstes im allgemeinen und zur Wahrung der Unabhängigkeit der Beamten im besonderen ist.

Bei den entsandten Beamten, die nur für beschränkte Zeit in der EG tätig sind, und bei denen, die primär eine Karriere im nationalen Dienst verfolgen wollen, vermag aber die Besoldung nicht die Verlagerung der Loyalität auf die EG zu bewirken.

Die Versorgung ist für die entsandten Beamten von vornherein von untergeordneter Bedeutung, weil ihre Rechte aus dem nationalen Beamtenverhältnis gewahrt bleiben[33]. Außerdem können viele Beamte infolge der zeitlichen Begrenzung der Entsendung keinen Versorgungsanspruch gegen den europäischen Dienstherrn erwerben[34].

f) Personalvertretungs- und Mitspracherecht

Als Gestaltungsmittel des Beamtenrechts ist schließlich noch das Personalvertretungs- und Mitspracherecht zu erwähnen, dessen Praktizierung den Erfordernissen der Unabhängigkeit und der Loyalität gegenüber der Gemeinschaft nützlich sein kann.

Als überwiegende Meinung des Personals der Verwaltung der Kommission und als erklärte Politik der Personalvertretung sind in der Vergangenheit immer wieder die Notwendigkeit der Unabhängigkeit des europäischen Dienstes und die Sorge vor einem Ausufern des Nationalitätenproporzes und einer Nationalisierung des Dienstes hervorgehoben worden[35].

Bei einer solchen Interessenvertretung und Politik der Personalvertretung kann insbesondere in Anbetracht der zunehmenden Erweiterung des Personalvertretungsrechts[36] ein effektiver Beitrag zur Lösung der Probleme der Loyalität und Unabhängigkeit geleistet werden.

Mit der Förderung eines besonderen Zusammengehörigkeitsgefühls im Sinne eines esprit de corps kann zumindest teilweise ein Abbau der mitgliedstaatlichen Einflüsse erreicht werden[37].

---

[32] Vgl. oben Teil IV, 2. a).
[33] Vgl. oben Teil III, 1. e).
[34] Vgl. oben Teil II, 2. d).
[35] Vgl. dazu *Coombes*, Politics, S. 163.
[36] Vgl. oben Teil II, 3.
[37] Vgl. dazu *Coombes*, European Civil Service, S. 48.

78 Teil V: Lösungsmöglichkeiten für das Loyalitätsproblem

Mit der Gewährung des Personalvertretungsrechts ist dem Personal und seinen Vertretern die Möglichkeit gegeben, außerhalb der fachlichen Arbeit die Unabhängigkeit des europäischen Dienstes und damit parallel auch seine Qualität zu fördern. Inwieweit das Personal diese Möglichkeit wahrnimmt, wird nicht nur vom Personal selbst, sondern auch von der Personalpolitik der Kommission abhängen.

g) Personalpolitik

Durch die Personalpolitik, die mit dem Beamtenrecht in unmittelbarem Zusammenhang steht, ist ein weiteres Gestaltungsmittel zur Lösung des Problems der doppelten Loyalität vorhanden.

Erst durch das Komplementärmittel einer den besonderen Gegebenheiten des Dienstes in der Kommission angepaßten Personalpolitik kann die personelle und fachliche Qualität des europäischen öffentlichen Dienstes gefördert werden[38].

Die Personalpolitik der Kommission war in den letzten Jahren davon bestimmt, daß sie die Interessen des Personals weitgehend zu berücksichtigen versuchte. Das zeigt sich insbesondere an der tatsächlichen Ausweitung des Personalvertretungs- und Mitspracherechts[39].

Allerdings war die Personalpolitik neben den Einschränkungen, die durch das Beamtenstatut und sonstiges Gemeinschaftsrecht bestehen, den Schwierigkeiten ausgesetzt, die sich durch die Erweiterung der EG ergaben.

Das Interesse der neuen Mitglieder der Gemeinschaft an einer angemessenen Repräsentation auf dem Personalsektor machte die Einführung vorübergehender Sondermaßnahmen notwendig, durch die für die Beamten aus Dänemark, England und Irland eine bestimmte Zahl von Stellen bereitgestellt werden konnte, ohne die Planstellenzahl zu erhöhen[40].

Diese Maßnahmen verdeutlichen beispielhaft den durch die Organisationskompetenz des Rates und durch die Entsendung gekennzeichneten Einfluß der Mitgliedstaaten auf die Personalautonomie der Kommission.

Selbst wenn sich die Kommission um die Entwicklung eines besonderen Zusammengehörigkeitsgefühls unter den Beamten und um eine

---

[38] Vgl. *Partsch*, Europ. Bedienstete u. Anstellungsgemeinschaften, DÖV 1961, S. 283, der die Bedeutung der Personalpolitik hervorhebt, wenn er sagt, daß ein Statut keine Garantie für eine sinnvolle Personalpolitik gewähren, sondern nur Vorkehrungen treffen kann, um den gröbsten Mißbräuchen zu wehren.

[39] Vgl. oben Teil II, 3.

[40] Vgl. oben Teil III, 2. b).

2. Gestaltungsmittel im Beamtenrecht der EG

möglichst große Effizienz der Arbeit bemüht, vermag sie dadurch, daß ihre Personalautonomie tatsächlich erheblich eingeschränkt ist[41], nicht, einen spezifischen Stil und ein besonderes Dienstethos zu entwickeln[42].

Der Grund dafür liegt primär in der Eigengesetzlichkeit des Nationalitätenproporzes und in dem Einfluß der Mitgliedstaaten begründet, der insbesondere durch die Praktizierung der Entsendung deutlich wird.

Es kann daher festgestellt werden, daß eine die Loyalität gegenüber der EG unterstützende und die Unabhängigkeit der Beamten von den Herkunftsstaaten und anderen Stellen fördernde Personalpolitik jedenfalls für die kurzfristig entsandten Beamten nicht mehr sein kann als eine Orientierungshilfe in Loyalitätskonflikten, die sich aber im konkreten Fall bei der Abwägung, ob die Loyalität auf den Dienstherrn eines stabilen nationalen Beamtenverhältnisses oder auf den eines weniger stabilen europäischen Dienstverhältnisses verlagert werden soll, als unzureichend erweisen kann.

Damit ergibt sich, daß der Schlüssel für die Unabhängigkeit des europäischen öffentlichen Dienstes, insbesondere für die der entsandten Beamten, hauptsächlich bei den Mitgliedstaaten und deren Personal- und Europapolitik liegt.

h) Rechtsschutz

Schließlich ist noch mit der statutarisch festgelegten Möglichkeit des Rechtsschutzes für die europäischen Beamten vor dem Europäischen Gerichtshof ein Gestaltungsmittel vorhanden, mit dem eine einheitliche Behandlung der Beamten gewährleistet und eine Lösung der Probleme der Loyalität und Unabhängigkeit aufgezeigt werden könnte.

Der Europäische Gerichtshof ist unter anderem für alle Streitigkeiten zwischen der Gemeinschaft und ihren Bediensteten zuständig[43] und hat bisher eine umfangreiche Rechtsprechung zum europäischen Dienstrecht hinterlassen, in der sich die Entwicklung des europäischen Dienstes widerspiegelt[44] und die die bedeutende Rolle des Europäischen Gerichtshofs bei der Mitgestaltung der dienstrechtlichen Beziehungen zwischen dem europäischen Dienstherrn und seinen Beamten erkennbar macht.

---

[41] Vgl. oben Teil IV, 1. a).
[42] Vgl. *Partsch*, S. 287, der hervorhebt, daß einen eigenen Stil und ein ausgeprägtes Dienstethos nur eine Organisation zu entwickeln vermag, die uneingeschränkt über die Personalhoheit verfügt.
[43] Vgl. Art. 91 Statut; Art. 164 ff. EWGV; Art. 136 ff. EAGV.
[44] Vgl. dazu die Rechtsprechungsübersicht von *Schröder*, ZBR 1972, S. 15 ff., 35 ff.

Allerdings brauchte der Europäische Gerichtshof zu den mit der Entsendung zusammenhängenden Problemen der Loyalität und Unabhängigkeit bisher nicht Stellung zu nehmen.

Der Grund dafür liegt darin, daß bei Verstößen gegen die Loyalitätspflicht dem Rechtsstreit vor dem Europäischen Gerichtshof ein Disziplinarverfahren vorausgeht, gegen das der Europäische Gerichtshof nicht notwendigerweise als Rechtsmittelinstanz[45] angerufen werden muß.

Abgesehen von der grundsätzlichen Zurückhaltung der Kommission in der Anwendung von Disziplinarmaßnahmen[46] erscheint die Beendigung der Entsendung durch die — eventuell auch von der Kommission ersuchte — nationale Verwaltung[47] als das praktisch effizienteste Mittel zur Lösung eines Loyalitätskonfliktes.

Damit ergibt sich, daß der Europäische Gerichtshof mit seiner Rechtsprechung für die bei den entsandten Beamten auftretenden Probleme der Loyalität und Unabhängigkeit keinen grundsätzlich regelnden Beitrag leisten kann, weil ihm diese Probleme durch personalpolitisches Handeln der Kommission bzw. der Mitgliedstaaten vorenthalten werden können.

i) Ergebnis zu 2.

Die beamtenrechtlichen Gestaltungsmittel des Statuts der Beamten der EG treffen zwar hinsichtlich der Probleme der Loyalität und Unabhängigkeit eine eindeutige Regelung:

Die Beamten werden zur Loyalität gegenüber der EG und zur Unabhängigkeit von mitgliedstaatlichen Einflüssen verpflichtet; die Mitgliedstaaten sind an diese Regelungen gebunden, da das Statut als Verordnung des Rates unmittelbare Verbindlichkeit und Geltung in den Mitgliedstaaten hat.

Für die entsandten Beamten haben die Gestaltungsmittel aber nur den Charakter einer wegweisenden Richtlinie, die bei Loyalitätskonflikten zwar die richtige Entscheidung aufzeigt und Loyalitätskonflikte zu vermeiden sucht, die aber das psychologisch-soziologische Problem der doppelten Loyalität nicht zu lösen vermag.

Die beamtenrechtlichen Gestaltungsmittel der Anstellung auf Dauer, der besonderen Loyalitätsverpflichtung in Art. 11 des Statuts, des Disziplinarrechts, der Besoldung und Versorgung und des Personalvertre-

---

[45] Vgl. Art. 91 Statut.
[46] Vgl. oben Teil II, 2. c).
[47] Vgl. oben Teil V, 2. c).

tungs- und Mitspracherechts haben für die entsandten Beamten faktisch keine normativ gestaltende Wirkung.

Die Personalpolitik der Kommission ist wegen der durch die Entsendung eingeschränkten Personalautonomie ebensowenig in der Lage, dieses Problem zu lösen, wie die Rechtsprechung des Europäischen Gerichtshofs, dem dieses dienstrechtliche Problem praktisch entzogen ist.

3. Rechtsangleichung

Als Gestaltungsmittel zur Lösung des Problems der doppelten Loyalität könnte eine Rechtsangleichung der Entsendungsvorschriften mit dem Ziel, einen einheitlichen Status der entsandten Beamten im Verhältnis zum nationalen Dienstherrn zu schaffen, in Betracht kommen[48].

Dabei stellt sich zunächst die Frage, welche Konzeption einer Rechtsangleichung zugrunde liegen soll; ferner ist zu prüfen, welche rechtlichen Möglichkeiten nach dem Gemeinschaftsrecht und nach dem Völkerrecht vorhanden sind, um eine Rechtsangleichung verbindlich durchzusetzen.

a) Revision der Konzeption der Entsendung

In Anbetracht der Tatsache, daß weder die Kommission noch die Mitgliedstaaten auf die Entsendung verzichten können[49], steht nicht die Beseitigung der Entsendung und der damit bestehenden doppelten Abhängigkeit der Beamten in Frage; es handelt sich vielmehr um eine Revision der Konzeption der Entsendung. Damit steht von vornherein fest, daß die Rechtsangleichung nur insofern einen Beitrag zur Lösung des Problems der doppelten Loyalität leisten kann, als durch die bezweckte Angleichung des Status der entsandten Beamten eine Verringerung der im Bereich der verschiedenen Loyalitätsverpflichtungen bestehenden Spannungen erreicht werden kann.

---

[48] Eine Vereinheitlichung der Entsendungsvorschriften ist in den sechziger Jahren von einer vom Rat eingesetzten Arbeitsgruppe versucht worden; der Auftrag konnte jedoch nicht erfüllt werden. Vgl. dazu *Holtz*, Europäische Behörden, in: Dt. Gesellschaft f. Ausw. Politik (Hrsg.), Regionale Verflechtung, S. 221.

Außerhalb der EG ist seit 1971 eine Gruppe bei der WEU mit dem gleichen Projekt befaßt; ihre Arbeit ist noch nicht abgeschlossen. Die Arbeitsunterlagen dieser Gruppe werden vertraulich behandelt.

In der Arbeit sollen daher die mit der Rechtsangleichung zusammenhängenden Probleme unabhängig von früheren Untersuchungen geprüft werden.

[49] Vgl. oben Teil III, 2. b).

Die Schwierigkeit einer solchen Rechtsangleichung wird dabei nicht so sehr in der gesetzestechnischen Anpassung der verschiedenen Regelungen der nationalen Beamtenrechte liegen als vielmehr in der Einigung unter den Mitgliedstaaten über ein verbindliches Konzept der Entsendung und dessen Praktizierung.

Da mit der Entsendung von Beamten in den Rechtsbereich der Gemeinschaft eingegriffen wird, besteht die Notwendigkeit, das Konzept für eine Entsendung an den Verträgen und an dem Statut der Beamten der EG zu orientieren.

Als Orientierungspunkte kommen dabei die Ziele der Verträge sowie die tragenden Grundsätze des europäischen Beamtenrechts in Betracht.

Die Verträge sind darauf angelegt, die Grundlagen für einen immer enger werdenden wirtschaftlichen und politischen Zusammenschluß der Mitgliedstaaten zu schaffen; ihr Ziel ist die Integration[50].

Wesentlicher Grundsatz des Statuts der Beamten der EG ist die Verpflichtung der Beamten zur Loyalität gegenüber der Gemeinschaft und zur Wahrung der Unabhängigkeit von mitgliedstaatlichen Einflüssen.

Für die Entsendung kann daher der allgemeine Grundsatz aufgestellt werden, daß sie so auszugestalten ist, daß damit die Ziele der Verträge gefördert werden können, bis eine Integration erreicht ist.

Aus dieser den Mitgliedstaaten obliegenden Verpflichtung lassen sich für das Konzept der Entsendung weitere Einzelverpflichtungen ableiten.

Diese bestehen darin, daß die Entsendung grundsätzlich nur ein Mittel sein darf, um einen Beitrag zur Gewinnung von Personal zu leisten, der frei von politischer Einflußnahme auf den Willensbildungsprozeß der Kommission ist[51].

Die Entsendung darf daher nicht länger als Mittel zur Fernsteuerung der Beamten durch die nationale Verwaltung eingesetzt werden, sondern sie muß primär zu einem Instrument der Mobilität werden, mit dem die Fortbildung von Beamten und ein wechselseitiger Erfahrungsaustausch gefördert werden können.

Geht man davon aus, daß eine gewisse Rotation und Mobilität sowohl für die Kommission als auch für die Mitgliedstaaten von Nutzen sind, so sollte eine den Dienst befruchtende Mobilität nicht nur durch die Entsendung von Beamten in den Dienst der EG gefördert werden. Es sollte

---

[50] Vgl. dazu die Präambel und Art. 1 - 8 EWGV; Art. 1 - 3 EAGV.

[51] Obwohl diese Forderung wenig realistisch erscheinen mag, wird sie vom Gemeinschaftsrecht gedeckt; vgl. Art. 5 EWGV.

3. Rechtsangleichung

vielmehr auch den in den Organen der EG tätigen Beamten die Möglichkeit einer vorübergehenden Tätigkeit in Verwaltungen und Industriebetrieben der Mitgliedstaaten gegeben werden, wobei insbesondere auch an eine Tätigkeit in einem anderen als dem Heimatstaat zu denken ist[52].

Unter Berücksichtigung dieser Prämissen und der bei dem Vergleich der Entsendungsvorschriften gewonnenen Erkenntnisse[53] scheint für die Entsendung von Beamten in die EG die Durchsetzung folgender Zielvorstellungen, soweit diese noch nicht in den Entsendungsvorschriften der Mitgliedstaaten enthalten sind, angebracht zu sein:

— die Beurlaubung unter Fortfall der Bezüge als ein geeignetes verwaltungsrechtliches Mittel, das die Dispensierung von nationalen Dienstpflichten erlaubt und gleichzeitig die nationale Beamteneigenschaft aufrechterhält;

— eine von vornherein festgelegte Dauer der Entsendung mit dem Anspruch auf Wiederverwendung im nationalen Dienst nach Ablauf der Entsendung;

— eine vorzeitige Beendigung der Entsendung sollte nur in besonders begründeten Ausnahmefällen nach Absprache mit dem betreffenden Beamten und den zuständigen Stellen in der Kommission möglich sein;

— das Aufsteigen im Gehalt sowie die Teilnahme an Beförderungen, die bei regelmäßigem Verlauf der nationalen Karriere erreicht werden können, sollten den Beamten während der Zeit der Entsendung gewährt werden;

— eine Doppelversorgung sollte im Interesse der Gleichbehandlung und auch aus haushaltsrechtlichen Gründen vermieden werden.

b) Rechtliche Möglichkeiten der Durchsetzung

Diese Zielvorstellungen könnten mit den rechtlichen Gestaltungsmitteln des Vertrages oder auf Initiative der Mitgliedstaaten durchgesetzt werden.

aa) Art. 189 EWGV

Von den in Art. 189 EWGV aufgeführten Handlungsbefugnissen der Gemeinschaftsorgane könnte als Maßnahme, die eine Rechtsangleichung verbindlich vorschreibt, eine Richtlinie[54] in Betracht kommen.

---

[52] Solche Ausbildungsmöglichkeiten werden ausdrücklich von *Partsch*, S. 288, gefordert.
[53] Vgl. oben Teil III, 2. u. 3.
[54] Vgl. Art. 100 EWGV.

Die Richtlinie ist das vertraglich vorgesehene Hauptmittel der Rechtsangleichung, das nur in Ausnahmefällen durch andere Mittel ersetzt werden kann[55].

Die Richtlinie hat für die Rechtsangleichung den Vorteil, daß sie lediglich das Ziel der anzugleichenden Materie vorschreibt, den Mitgliedstaaten aber die Wahl der Mittel zur Verwirklichung überläßt und damit weitgehende Rücksichten auf die verfassungs- und verwaltungsrechtlichen Eigenheiten der Mitgliedstaaten nimmt.

Eine Angleichung der Rechts- und Verwaltungsvorschriften darf aber nur unter zwei Voraussetzungen vorgenommen werden: Nach Art. 189 EWGV sind die Organe der EG nur befugt, Richtlinien zur Erfüllung ihrer Aufgaben und nach Maßgabe des Vertrages zu erlassen; nach Art. 100 EWGV können Richtlinien nur für die Angleichung derjenigen Rechts- und Verwaltungsvorschriften erlassen werden, die sich unmittelbar auf das Funktionieren des Gemeinsamen Marktes auswirken.

Selbst wenn man annimmt, daß die Kompetenz weit ausgelegt werden kann und alle Maßnahmen umfaßt, die für die Funktion des Gemeinsamen Marktes als nützlich und förderlich angesehen werden können[56], ist es zweifelhaft, ob die Vorschriften des Beamtenrechts der Mitgliedstaaten mit dem Funktionieren des Gemeinsamen Marktes in unmittelbarem Zusammenhang stehen und so zum Gegenstand einer Rechtsangleichung mittels einer Richtlinie gemacht werden können.

Die nationalen Gesetze und anderen Regelungen des Beamtenrechts haben keine Beziehung auf das Funktionieren des Gemeinsamen Marktes und können daher nicht Materie einer Rechtsangleichung sein[57].

Die Mitarbeit der Beamten am Funktionieren des Gemeinsamen Marktes und an den Zielen der Gemeinschaft ist durch das Statut für die in der EG tätigen Beamten abschließend geregelt. Für eine weitergehende Regelung der Eintrittsbedingungen in den Dienst der EG besteht keine Kompetenz der Gemeinschaftsorgane.

bb) Art. 235 EWGV

Fraglich ist, ob eine Kompetenz zur Angleichung der Entsendungsvorschriften durch Art. 235 EWGV gegeben sein kann[58].

---

[55] Vgl. dazu *Ipsen*, Europ. Gemeinschaftsrecht, S. 695; *v. d. Groeben / v. Boeckh*, Kommentar, Bd. 2, Vorb. zu Art. 189 - 192, II 3, S. 179, 180; *Oldekop*, Richtlinien, S. 6, 202 ff.; *Zweigert*, Grundsatzfragen, in: Festschr. Dölle, Bd. 2, S. 410 ff.

[56] *Ipsen*, S. 690, mit Hinweis auf Art. 3 h EWGV, nach dem eine Angleichung innerstaatlicher Rechtsvorschriften nur vorgenommen werden kann, soweit dies für das ordnungsmäßige Funktionieren des Gemeinsamen Marktes erforderlich ist.

[57] Vgl. in diesem Zusammenhang Art. 48 Abs. 4 EWGV.

3. Rechtsangleichung

Mit dieser Vorschrift wird eine Kompetenz des Rates für die Verwirklichung von Zielen begründet, für die im Vertrag die erforderlichen Befugnisse nicht vorgesehen sind. Hierbei muß es sich aber auch um Ziele handeln, die im Rahmen des Gemeinsamen Marktes liegen[59].

Die Rechtsangleichung hinsichtlich der Entsendungsvorschriften dient aber auch bei extensiver Auslegung dieser Vorschrift nicht den Zielen des Vertrages. Sie kann daher nicht auf Art. 235 EWGV gestützt werden.

cc) Völkerrechtliches Abkommen

Es bleibt daher nur die Möglichkeit, die Rechtsangleichung der Entsendungsvorschriften durch ein völkerrechtliches Abkommen unter den Mitgliedstaaten verbindlich zu regeln.

Der Abschluß eines völkerrechtlichen Abkommens zum Zwecke der Rechtsangleichung[60] könnte durch die im Rat vereinigten Vertreter der Mitgliedstaaten erfolgen.

Da durch ein solches Abkommen aber für die Mitgliedstaaten Verpflichtungen entstehen, die über den Rahmen der von ihnen ohnehin schon zu beachtenden Bestimmungen des Statuts der Beamten der EG[61] hinausgehen, nämlich die Verpflichtung zur Änderung nationalen Rechts, und dazu eine gemeinsame Initiative erforderlich ist, erscheint der Abschluß eines solchen Abkommens in Anbetracht der zur Zeit von den Mitgliedstaaten betriebenen Europapolitik, die von der unbedingten Priorität der nationalen Interessen gekennzeichnet ist[62], wenig realistisch zu sein.

c) Ergebnis zu 3.

Es ergibt sich damit, daß nach dem Gemeinschaftsrecht keine Kompetenz der Gemeinschaftsorgane zu einer verbindlichen Durchsetzung einer Rechtsangleichung der Entsendungsvorschriften vorliegt.

Die außerhalb des Gemeinschaftsrechts liegende Möglichkeit, daß sich die Mitgliedstaaten durch ein völkerrechtliches Abkommen zur Rechts-

---

[58] Vgl. dazu *Ipsen*, S. 690, der darauf hinweist, daß Art. 235 EWGV nach seiner Konzeption an sich über die Aufgabe einer Rechtsangleichung hinausgeht.

[59] Vgl. dazu *v. d. Groeben / v. Boeckh*, Art. 235, Anm. 1, S. 445 ff.; *Wohlfahrt / Everling / Glaesner / Sprung*, Kommentar, Art. 235, Anm. 1, 2.

[60] Vgl. dazu *Zweigert*, S. 415, der darauf hinweist, daß dieses Mittel trotz Art. 220 EWGV über den Vertrag hinausgeht; vgl. auch *Ipsen*, S. 695.

[61] Insbesondere Art. 11 Statut.

[62] Als Beispiele seien nur die von den Mitgliedstaaten angesichts der Ölkrise 1973 betriebene Energiepolitik und die in Großbritannien entfachte Diskussion über den Verbleib des Landes in der EG genannt.

angleichung verpflichten, ist zwar denkbar, scheint aber angesichts der Interessenlage in den Mitgliedstaaten zumindest zur Zeit unrealistisch zu sein.

Es kann daher nur der Initiative eines jeden Mitgliedstaates überlassen bleiben, die Entsendungsvorschriften so zu ändern, daß die Gefahr einer doppelten Loyalität möglichst weitgehend ausgeschaltet wird.

Die Änderung der Entsendungsvorschriften in Belgien und die beabsichtigten Änderungen in den Niederlanden und Luxemburg können als Beispiel dafür angeführt werden, daß die Rechtsangleichung der Entsendungsvorschriften als Einzelaktion der Mitgliedstaaten möglich ist.

4. Neuordnung des Personalwesens in der EG

Angesichts der verschiedenen politischen Interessenlagen in den Mitgliedstaaten und ihres starken Einflusses auf die Personalpolitik der Kommission durch die Entsendung ist zu prüfen, ob für den gesamten Bereich der Rekrutierung von Personal neue institutionelle Kompetenzen geschaffen werden können.

a) Paritätischer Ausschuß
für den europäischen öffentlichen Dienst

Eine institutionelle Neuordnung dieses Bereichs würde zwangsläufig sowohl in die Personalautonomie der Kommission als auch in die in der Zuständigkeit der Mitgliedstaaten liegende Entsendung eingreifen.

Aus diesem Grunde und in Anbetracht der Tatsache, daß Änderungen des europäischen Beamtenrechts wie auch des Gemeinschaftsrechts tatsächlich und rechtlich nur durch ein einverständliches Zusammenwirken der Gemeinschaftsorgane mit den Mitgliedstaaten bewirkt werden können, ist bei einer Neuordnung der Kompetenz für das Personalwesen von einer Beteiligung der Gemeinschaftsorgane und der Mitgliedstaaten auszugehen, die durch eine Beteiligung von Vertretern des Personals zu ergänzen wäre.

In Betracht käme ein am Beispiel der Civil Service Commission in Großbritannien und ähnlichen Einrichtungen in anderen Staaten[63] orientierter Paritätischer Ausschuß für den europäischen öffentlichen Dienst[64], der vom Rat durch Änderung des Statuts als Hilfsorgan oder

---

[63] Vgl. z. B. die Civil Service Commission der USA und die Direction de la Fonction Publique in Frankreich.

[64] Vgl. dazu den ähnlichen, aber allgemein gehaltenen Vorschlag von *Coombes*, Politics, S. 150 ff.; ders., European Civil Service, S. 41 ff., der allerdings die mit der Entsendung zusammenhängenden dienstrechtlichen Probleme nicht berücksichtigt.

4. Neuordnung des Personalwesens in der EG

als eine der Kommission nachgeordnete Behörde[65] geschaffen werden könnte.

Die Aufgabe eines solchen paritätischen Ausschusses würde darin bestehen, die persönlichen und politischen Einflüsse bei der Einstellung und Beförderung von Beamten auf ein Minimum zu beschränken sowie Einstellungs- und Beförderungsvoraussetzungen zu objektivieren. Die hauptsächliche Aufgabe bestünde darin, eine einheitliche Praktizierung der Entsendung zu überwachen, wobei dem Ausschuß die Kompetenz für die Einstellung der entsandten Beamten und die Regelung der Dauer der Entsendung zustehen sollte.

b) Aussichten der Verwirklichung

Ob in der jetzigen Entwicklungsphase der Gemeinschaft die Schaffung eines Paritätischen Ausschusses für den europäischen öffentlichen Dienst, der etwa mit diesen Kompetenzen ausgestattet wäre, realisierbar ist, ist fraglich.

Ein Hindernis dafür wird in der zur Zeit noch mangelnden Bereitschaft der Mitgliedstaaten, sich auf eine einheitliche Praktizierung der Entsendung zu einigen, indem sie sich des Instruments der Entsendung aus politischen Motiven begeben und die Entsendung ausschließlich als Ausbildungsmaßnahme betrachten, zu sehen sein.

Es besteht aber auch darin, daß die bestehende Institution, der eine Kontrollbefugnis über den europäischen öffentlichen Dienst in erster Linie zustände, nämlich das Europäische Parlament, nicht die Stärke und die Befugnisse hat, die einem Parlament naturgemäß zustehen sollten.

Es soll zwar nicht verkannt werden, daß die Schaffung zusätzlicher Institutionen keine Garantie für eine Lösung der sich aus der Entsendung ergebenden Probleme der Loyalität und Unabhängigkeit mit sich bringt; in der Errichtung eines Paritätischen Ausschusses für den europäischen öffentlichen Dienst könnte aber insbesondere zu einer

---

Der hier vorgeschlagene paritätische Ausschuß ist zu unterscheiden von den im Statut vorgesehenen paritätischen Ausschüssen (vgl. Art. 9 u. Anhang II) und dem anläßlich einer Revision des Statuts vorgelegten Vorschlag zur Errichtung eines „Obersten Rates des Öffentlichen Dienstes der Europäischen Gemeinschaften", dessen Zuständigkeit sich auf allgemeine Fragen des Beamtenrechts beziehen und die Kontakte der Personalvertretung zu den Organen der Gemeinschaft und zu den Vertretern der Mitgliedstaaten institutionalisieren soll und der an Einrichtungen in den Mitgliedstaaten angelehnt ist. Vgl. dazu *Rogalla*, Beteiligung und Mitsprache, in: Festschr. Hefermehl, S. 220, u. a. mit Hinweis auf § 94 BBG.

[65] Vgl. dazu *Ipsen*, S. 359, 360, der darauf hinweist, daß es für die selbständigen Einrichtungen, die in eigener Organzuständigkeit Hoheitsbefugnisse wahrnehmen, einer ausdrücklichen vertraglichen Ermächtigung bedarf.

Zeit, in der die EG von einer Renationalisierung bedroht ist, die Chance liegen, die Unabhängigkeit des europäischen Dienstes zu sichern.

5. Weiterentwicklung der Gemeinschaft

Ein Beitrag zur Lösung dieser sich aus der Entsendung ergebenden Probleme könnte auch in der Weiterentwicklung der bestehenden Institutionen der Gemeinschaft bestehen, wobei sich die Frage stellt, ob das Problem der doppelten Loyalität durch eine Förderung der Integration bis zu ihrer Vollendung gelöst werden kann.

a) Stärkung der bestehenden Institutionen

Hinsichtlich der Stärkung der bestehenden Institutionen ist es insbesondere in Anbetracht des Demokratiedefizits der Gemeinschaft[66] notwendig, dem Europäischen Parlament echte Befugnisse und Rechte zu verleihen[67]. Die Erweiterung der Haushaltsbefugnisse ist dazu erst ein Anfang[68].

Unter diese Rechte des Parlaments fällt auch die Kontrollbefugnis über die Exekutive[69], die auf der Ebene der Gemeinschaftsorgane die Abhängigkeit der Kommission und ihres Beamtenapparates vom Europäischen Parlament einschließen müßte[70].

Dadurch würde sich die bisher von den Mitgliedstaaten ausgeübte Kontrollfunktion[71] auf das nach demokratischen Prinzipien dafür berufene Organ verschieben. Mit dieser Verschiebung könnte die Kommission die Macht erlangen, die ihr als Initiativorgan zukommen müßte.

Der Einfluß der Mitgliedstaaten auf die Kommission und deren Beamte würde durch die Kontrolle des Europäischen Parlaments be-

---

[66] Vgl. z. B. *Frowein*, Institutionelle Fortentwicklung, EuR 1972, S. 625; Bericht *Vedel*, in: Bulletin der EG, Beilage 4/72, S. 37, 38.
[67] Vgl. dazu Bericht *Vedel*, S. 37 - 60.
[68] Vgl. dazu *Frowein*, S. 629.
[69] *Partsch*, Verfassungsprinzipien, RuSt, Heft 221, S. 17, weist darauf hin, daß die Ministerialbürokratie der demokratischen Legitimation zu entraten droht.
[70] Vgl. dazu Bericht *Vedel*, S. 57 - 60; *Dahrendorf*, Plädoyer, S. 221, der für den Beamtenapparat eine demokratische Basis des Handelns fordert; *Zuleeg*, Anwendbarkeit des parl. Systems, EuR 1972, S. 11; *Schmitt v. Sydow*, Zusammenarbeit, EuR 1974, S. 71, 72.
[71] Vgl. dazu *Ehlermann*, Institutionen, in: Weinstock (Hrsg.), Europa, S. 54, der darauf hinweist, daß die Befugnisse, die die nationalen Parlamente verloren haben, nicht dem Europäischen Parlament zugewachsen sind, sondern bei dem parlamentarisch kaum kontrollierbaren Rat liegen; *Neunreither*, Leitbild des Europ. Parlaments, ZParlF 1971, S. 329.

schränkt, Loyalitätskonflikte der entsandten wie auch der übrigen Beamten könnten weitgehend dadurch vermieden werden, daß den Beamten mit einem gestärkten Parlament ein neuer Bezugspunkt für ihre Loyalität gegeben würde, nämlich die Verantwortung vor den Vertretern der Völker Europas und damit vor allen Mitgliedstaaten[72].

Die Verlagerung der Loyalität vom Nationalstaat auf die EG ist von der fortschreitenden Entwicklung der Gemeinschaft und deren Auswirkungen auf die verfassungsmäßige Struktur der Mitgliedstaaten abhängig und wird endgültig erst dann möglich sein, wenn die Integration das Stadium einer föderativen Struktur erreicht hat.

b) Künftige Struktur der Gemeinschaft

Obwohl die zukünftige Struktur der Gemeinschaft in ihrer endgültigen Form anhand ihres jetzigen Entwicklungsstandes nicht mit Sicherheit vorhergesagt werden kann[73], deuten doch viele Merkmale der Gemeinschaft auf eine Entwicklung hin, die mit der Struktur eines Bundesstaates verglichen werden kann[74].

Unabhängig davon, in welche staatliche Struktur sich die Gemeinschaft entwickelt, wird erst eine Verfassung als Spiegelbild einer neuen europäischen Staats- und Gesellschaftsordnung tatsächlicher und rechtlicher Bezugspunkt der Loyalität sein können.

Für die bei den entsandten Beamten auftretenden Probleme der Loyalität und Unabhängigkeit wird die europäische Verfassung, in der in Übereinstimmung mit den Rechtstraditionen der Mitgliedstaaten das Beamtenrecht in der Weise verankert[75] ist, daß die gesetzgeberische Zuständigkeit für das Gebiet des Beamtenrechts dem Parlament der Gemeinschaft übertragen wird[76], eine Grundlage dafür bieten, die Loyalitätsverpflichtungen gegenüber dem nationalen Dienstherrn auf die Gemeinschaft zu transponieren.

Im Stadium einer vollendeten Integration würde sich auch die Entsendung in der bisherigen Form erübrigen.

---

[72] Die Verantwortung wäre jedoch indirekter Natur; die direkte Verantwortung würde in Übereinstimmung mit den nationalen Beamtenrechten gegenüber der Exekutive der Gemeinschaft bestehen.
[73] Vor der Gefahr jeglicher Präjudizierung hinsichtlich der zukünftigen Struktur der Gemeinschaft warnt *Ipsen*, S. 183 ff.
[74] *Hallstein*, Der unvollendete Bundesstaat, S. 40, 41; *Hallstein*, Europ. Gemeinschaft, S. 364 ff.; *Sattler*, Prinzip der funktionellen Integration, S. 165 ff.; *Scheuner*, Aussprache, VVDStRL 1964, S. 109, bezeichnet die Gemeinschaft als präföderal; *Ipsen*, S. 196, sieht in der Gemeinschaft einen Zweckverband funktioneller Integration.
[75] Vgl. *Holtz*, Europäische Behörden, in: Dt. Gesellschaft f. Ausw. Politik (Hrsg.), Regionale Verflechtung, S. 229.
[76] Etwa i. S. einer Rahmengesetzgebung.

Der Eintritt in den Dienst der zukünftigen europäischen Gemeinschaft, der Europäischen Union, brauchte für einen Beamten aus einem Mitgliedstaat nicht mehr dadurch ermöglicht zu werden, daß das nationale Beamtenverhältnis aufrechterhalten bleibt, sondern wäre dem Wechsel vom Landesdienst in den Bundesdienst vergleichbar.

Eine einheitliche Regelung des Beamtenrechts, zu der insbesondere auch eine Neudefinition der Pflichten in bezug auf die dann bestehende staatliche Struktur der Gemeinschaft gehört[77], ließe eine Einstellung in den Dienst der EG unter Anrechnung der im früheren nationalen Dienst verbrachten Zeit und unter Übertragung der Versorgungsansprüche zu.

Es darf jedoch nicht verkannt werden, daß die doppelte Loyalität als soziologisch-psychologisches Problem auch bei einer förderativen Struktur der Gemeinschaft bestehen bleiben kann.

Bindungen aus der persönlichen Sphäre der Beamten wie zum Beispiel die Mitgliedschaft in einer Partei oder Bindungen an eine Gewerkschaft, einen Interessenverband oder ein Wirtschaftsunternehmen werden nach wie vor Loyalitätskonflikte mit der Gefahr einer Spaltung der Loyalität entstehen lassen.

Da durch einen föderativen Aufbau die Polarität von Entsendestaat einerseits und EG andererseits entfällt und die Loyalitätsbindungen sich auf eine neue Staats- und Gesellschaftsordnung beziehen, hat dann das Problem der doppelten Loyalität in der Form der durch zwei Dienstverhältnisse konkurrierenden Pflichten eine Lösung gefunden.

---

[77] Vgl. dazu *Schmidt*, Beamtenrecht, DöD 1972, S. 63.

Schlußbemerkungen

Das Problem der doppelten Loyalität ist dem von den Mitgliedstaaten angewandten Rechtssystem der Entsendung immanent.

Die Loyalitätsverpflichtung in den nationalen Beamtenrechten führt für die entsandten Beamten trotz der Dispensierung von den Dienstpflichten gegenüber dem nationalen Dienstherrn zu Kollisionen mit der Verpflichtung zur Loyalität gegenüber dem europäischen Dienstherrn.

Für die durch das Nebeneinander von zwei Dienstverhältnissen auch zweifach bestehenden Loyalitätsverpflichtungen wird durch die Gestaltungsmittel des Statuts der Beamten der EG zwar eine rechtlich eindeutige Lösung gefunden, nämlich die unbedingte Vorrangigkeit der Loyalitätspflichten gegenüber dem europäischen Dienstherrn, aber die Regelungen der Entsendungsvorschriften der Mitgliedstaaten, zum Beispiel der Widerruf der Entsendung und die Aufrechterhaltung der nationalen Karriere, erlauben den Mitgliedstaaten einen so starken Eingriff in den Status der Beamten während der Entsendung, daß die Bestimmungen und Mittel des Statuts zur Lösung des Problems der doppelten Loyalität sowohl in ihrem normsetzenden als auch in ihrem gestaltenden Charakter für die entsandten Beamten weitgehend wirkungslos bleiben.

Das bedeutet, daß das Statut der Beamten der EG allein im höheren Dienst der Kommission für 40 bis 50 v.H. der Beamten faktisch keine Geltung hat.

In Anbetracht der durch das System der Entsendung gegebenen und von den Mitgliedstaaten auch tatsächlich genutzten Eingriffsmöglichkeiten in den Dienst der EG fragt es sich, ob von der Existenz eines unabhängigen europäischen öffentlichen Dienstes gesprochen werden kann, der diese Bezeichnung verdient.

Wenn auch der Dienst in der EG wegen seines noch nicht langen Bestehens und der für einen internationalen Dienst typischen Instabilität nicht mit dem öffentlichen Dienst in den Mitgliedstaaten verglichen werden kann, stellt sich doch bei Betrachtung der Entsendung und ihrer Praktizierung die Befürchtung ein, daß es mit der Unabhängigkeit und Eigenständigkeit des europäischen öffentlichen Dienstes nicht gut bestellt ist.

Diese Befürchtung konkretisiert sich zu einer ernsten Sorge um die Unabhängigkeit der Beamten der Kommission, wenn man den Willensbildungsprozeß der Gemeinschaft betrachtet und dabei erkennen muß, daß sich allein bei der Ausarbeitung und Beratung eines Vorschlags der Kommission für die entsandten Beamten auf die verschiedenste Weise Situationen einstellen, in denen sich die Loyalität zu spalten droht und die beamtenrechtlichen Loyalitätsverpflichtungen aus dem nationalen und dem europäischen Dienstverhältnis zum Problem werden.

Der rechtlich abgesicherte Einfluß der Mitgliedstaaten auf die Personalstruktur der Kommission, die tatsächliche Einflußnahme auf die Aktivitäten der Kommission und die Möglichkeit zur Bestimmung der Entwicklung der Gemeinschaft haben zur Folge, daß die politische Macht in der Gemeinschaft nach wie vor bei den Mitgliedstaaten liegt.

Die Entsendung von Beamten in die EG ist neben der Ernennung der Kommissionsmitglieder und anderen politischen und diplomatischen Interventionsmöglichkeiten ein wichtiges Instrument zur Ausübung und zur Wahrung politischen Einflusses.

Insofern spiegelt die Praktizierung der Entsendung die Interessen der Mitgliedstaaten im Hinblick auf die Entwicklung von Gemeinschaftsbewußtsein und gemeinschaftlichen Politiken wider.

Die zur Zeit mehr von nationalen als gemeinschaftlichen Interessen bestimmte Politik der Mitgliedstaaten sowie der durch Stagnation, wenn nicht sogar durch einen erheblichen Grad an Renationalisierung gekennzeichnete Zustand der Gemeinschaft bringen durch das System der Entsendung auch die Gefahr der Nationalisierung des europäischen Dienstes mit sich.

Der Einfluß der Mitgliedstaaten auf die europäische Politik durch das Instrument der Entsendung könnte durch eine Neuordnung des Personalwesens mit der Schaffung eines Paritätischen Ausschusses für den europäischen öffentlichen Dienst, dessen Hauptaufgabe in der Überwachung und Planung der Entsendung zu sehen wäre, neutralisiert werden.

Durch die Stärkung der Kontrollbefugnisse des Europäischen Parlaments könnte eine demokratische Kontrolle der Kommission und ihres Beamtenapparates erreicht werden, die nicht nur wegen des Demokratiebedarfs der Gemeinschaft, sondern insbesondere deshalb nötig ist, um die einem innerlich zerstrittenen Kondominimum vergleichbare Zusammenarbeit von Kommissionsbeamten und nationalen Beamten auf eine demokratische Grundlage zu stellen und damit Loyalitätskonflikten der in die Kommission entsandten Beamten vorzubeugen.

Eine Lösung dieses Problems wird aber erst durch eine förderative Struktur der Gemeinschaft erreicht werden, in der die übergeordnete Staats- und Gesellschaftsordnung den einzigen Bezugspunkt für die Loyalität der Beamten darstellt und die Konkurrenz von zwei nebeneinander bestehenden Dienstverhältnissen entfällt.

Literaturverzeichnis

Barandon, Paul: Die Rechtsstellung der internationalen Funktionäre (Dt. Landesreferat, erstattet für den intern. Kongreß für Rechtsvergleichung im Haag 1950), Hamburg 1950
(zit: Rechtsstellung)

Basdevant, Suzanne: Les fonctionnaires internationaux, Paris 1931

Bedjaoui, Mohammed: Fonction publique internationale et influences nationales, New York 1958
(zit: Fonction publique)

Behnke, Kurt: Kommentar zur Bundesdisziplinarordnung, 2. Aufl., Stuttgart 1970

van Binsbergen, W. C.: Ervaringen van een jurist als ambtenaar bij de EEG, RMTh, 1964, S. 413
(zit: Ervaringen)

Bloch, Roger und Jaqueline *Lefèvre:* La fonction publique internationale et européenne, Paris 1963
(zit: Fonction publique)

Bornemann, Klaus: Das Recht der Bediensteten internationaler Organisationen, Ein Vergleich zu den staatlichen Dienstrechtssystemen, Diss. Göttingen 1964
(zit: Recht der Bediensteten intern. Organisationen)

Brückner, Ernst: Das Recht der Beamten der Europäischen Gemeinschaften, Stuttgart 1971
(zit: Recht der Beamten der EG)

Bruns, Herbert: Das Beamtenstatut der Europäischen Gemeinschaften, ZBR 1962, S. 310 und 341
(zit: Beamtenstatut)

Buttgenbach, André: Manuel de droit administratif, 3. Aufl., 1. Teil, Brüssel 1966
(zit: Droit adm.)

von Campenhausen, Axel Freiherr: Staatskirchenrecht, München 1973

Cathérine, Robert: Le fonctionnaire français, Paris 1961
(zit: Fonctionnaire)

Chemillier-Gendreau, Monique: Le détachement dans la fonction publique, Revue du Droit Publique et de la Science Politique, 1967, S. 647
(zit: Détachement)

Clemens, Adrian: Der europäische Beamte und sein Disziplinarrecht, Leiden 1962

Coombes, David: Politics and Bureaucracy in the European Community, London 1970
(zit: Politics)

Coombes, David: Towards a European Civil Service, London 1968
(zit: European Civil Service)

Dahrendorf, Ralf: Plädoyer für eine Europäische Union, München—Zürich 1973
(zit: Plädoyer)

Daussin, Armand: Ein europäischer öffentlicher Dienst, Europa-Archiv 1960, S. 665
(zit: Europ. öff. Dienst)

Däubler, Wolfgang: Der Streik im öffentlichen Dienst, 2. Aufl., Tübingen 1971
(zit: Streik)

Donaldson, Alfred Gaston: Some comparative aspects of Irish Law, London 1957
(zit: Comparative aspects)

Ehlermann, Claus-Dieter: Institutionen, in: Ulrich Weinstock (Hrsg.), Neun für Europa, Düsseldorf—Köln 1973
(zit: Institutionen)

Erler, Adalbert: Kirchenrecht, 3. Aufl., München—Berlin 1965

Esser, Josef: Schuldrecht, Band I, Allgemeiner Teil, 4. Aufl., Karlsruhe 1970

Euler, August Martin: Europäisches Beamtenstatut, Kommentar, Köln 1966
(zit: Kommentar)

Everling, Ulrich: Europäische Gemeinschaften und Bundesrepublik Deutschland — Zur Verflechtung der nationalen und der gemeinschaftlichen Politik, in: Deutsche Gesellschaft für Auswärtige Politik (Hrsg.), Regionale Verflechtung der Bundesrepublik Deutschland, München—Wien 1973
(zit: EG und Bundesrepublik Deutschland)

Finlay, Ian: La fonction publique irlandaise, Revue Internationale des Sciences Administratives 1968, S. 25
(zit: Fonction publique irlandaise)

— The Civil Service, Dublin 1966
(zit: Civil Service)

Fischer, Fritz: Die institutionalisierte Vertretung der Verbände in der EWG, Diss. Kiel 1965
(zit: Vertretung der Verbände)

Fliedner, Ortlieb: Die verfassungsrechtlichen Grenzen mehrfacher staatlicher Bestrafungen aufgrund desselben Verhaltens, Archiv des öffentlichen Rechts, Band 99, 1974, S. 242

Forsthoff, Ernst: Lehrbuch des Verwaltungsrechts, 1. Band, Allgemeiner Teil, 10. Aufl., München—Berlin 1973
(zit: Verwaltungsrecht)

Friedrich, Carl J.: Europa — Nation im Werden?, Bonn 1972
(zit: Europa)

Frowein, Jochen A.: Zur institutionellen Fortentwicklung der Europäischen Gemeinschaften, Europa-Archiv 1972, S. 623
(zit: Institutionelle Fortentwicklung)

Getz, Heinrich und Heinrich *Jüttner:* Personal in internationalen Organisationen, Baden-Baden 1972
(zit: Personal)

von der Groeben, Hans und Hans *von Boeckh:* Kommentar zum EWG-Vertrag, Baden-Baden—Bonn—Frankfurt 1958
(zit: Kommentar)

Guetzkow, Harold: Multiple Loyalties: Theoretical Approach to a Problem in International Organization, Princeton 1955

Häckel, Erwin: Theoretische Aspekte der regionalen Verflechtung, in: Deutsche Gesellschaft für Auswärtige Politik (Hrsg.), Regionale Verflechtung der Bundesrepublik Deutschland, München—Wien 1973
(zit: Theoretische Aspekte)

Haas, Ernst B.: Beyond the nation-state, Stanford 1964
— The Uniting of Europe, London 1958

Hahn, Hugo J.: Einführung in die typischen Elemente des Dienstrechts der internationalen Einrichtungen, in: Joseph H. Kaiser, Franz Mayer, Carl H. Ule (Hrsg.), Recht und System des öffentlichen Dienstes, Studienkommission für die Reform des öffentlichen Dienstes, Band 4, S. 25, Baden-Baden 1973
(zit: Einführung)

Hale, Norman M.: Großbritannien, in: Joseph H. Kaiser, Franz Mayer, Carl H. Ule (Hrsg.), Recht und System des öffentlichen Dienstes, Studienkommission für die Reform des öffentlichen Dienstes, Band 1, S. 93, Baden-Baden 1973

Hallstein, Walter: Der unvollendete Bundesstaat, Düsseldorf—Wien 1969
— Die Europäische Gemeinschaft, Düsseldorf—Wien 1973

Hammarskjoeld, Dag: The International Civil Servant in Law and in Fact, in: Robert S. Jordan (Hrsg.), International Administration, New York—London—Toronto 1971, S. 245 ff.
(zit: Intern. Civil Servant)

Hennes, Heinrich-Peter: Der Begriff des Beamten nach dem Personalstatut der drei europäischen Gemeinschaften im Vergleich zum deutschen und französischen Beamtenrecht, Diss. Heidelberg 1968
(zit: Begriff des Beamten)

Herlitz, Nils: Elements of Nordic Public Law, Stockholm 1969
(zit: Elements)

van Herwaarden, G. H.: Das Beamtenrecht in den Niederlanden, ZBR 1971, S. 33
(zit: Beamtenrecht)

Holtz, Theodor: Die europäischen Behörden und die nationalen Bürokratien, Probleme der Zusammenarbeit und der Personalstruktur, in: Deutsche Gesellschaft für Auswärtige Politik (Hrsg.), Regionale Verflechtung der Bundesrepublik Deutschland, München—Wien 1973
(zit: Europäische Behörden)
— Handbuch des europäischen Dienstrechts, Baden-Baden (Stand 1967)
(zit: Handbuch)

Ipsen, Hans Peter: Europäisches Gemeinschaftsrecht, Tübingen 1972

Isensee, Josef: Beamtenstreik, Bonn 1971

Janot, Raymond: Beamtentum und Staat im heutigen Frankreich, Archiv des öffentlichen Rechts, Band 81, 1956, S. 423
(zit: Beamtentum)

Jeukens, H. J. M.: Niederlande, in: Joseph H. Kaiser, Franz Mayer, Carl H. Ule (Hrsg.), Recht und System des öffentlichen Dienstes, Studienkommission für die Reform des öffentlichen Dienstes, Band 1, S. 281, Baden-Baden 1973

Jüttner, Heinrich: Nationalitätenverteilung in den Vereinten Nationen, Zeitschrift für die Vereinten Nationen 1972, S. 182
(zit: Nationalitätenverteilung)

Junker, Ernst Ulrich: Der Entscheidungsprozeß im Ministerrat der Europäischen Gemeinschaften, in: Deutsche Gesellschaft für Auswärtige Politik (Hrsg.), Regionale Verflechtung der Bundesrepublik Deutschland, München—Wien 1973
(zit: Entscheidungsprozeß)

Kern, Ernst: Die Rechtsstellung des europäischen Beamten, in: Kordt, Gaudemet, Kern, Der europäische Beamte, München—Berlin 1955, S. 49
(zit: Rechtsstellung)

Knöpfle, Robert: Organisation und Arbeitsweise der Gemeinsamen Kommission der Europäischen Gemeinschaften, Europarecht 1968, S. 30
(zit: Organisation und Arbeitsweise)

Kordt, Erich: Der Funktionär amtlicher internationaler Organisationen, in: Festgabe für Erich Kaufmann, Stuttgart 1950, S. 191
(zit: Funktionär)

Krenzler, Horst Günter: Die Rolle der Kabinette in der Kommission der Europäischen Gemeinschaften, Europarecht 1974, S. 75
(zit: Rolle der Kabinette)

Lane, Alexander: Das Dienstrecht der Vereinten Nationen, Zeitschrift für die Vereinten Nationen 1972, S. 173

Langrod, Georges: La fonction publique internationale, Leyden 1963
(zit: Fonction publique)

Langrod, Georges und M. *Clifford-Vaughan*: L'Irlande, Paris 1968

Larenz, Karl: Lehrbuch des Schuldrechts, Band 1, Allgemeiner Teil, 10. Aufl., München 1970

Lecheler, Helmut: Die Treuepflicht des Beamten — Leerformel oder Zentrum der Beamtenpflichten?, ZBR 1972, S. 228
(zit: Treuepflicht)

Lemaignen, Robert: L'Europe au berceau — Souvenirs d'un technocrate, Paris 1964
(zit: L'Europe)

Levy, Denis: Frankreich, in: Joseph H. Kaiser, Franz Mayer, Carl H. Ule (Hrsg.), Recht und System des öffentlichen Dienstes, Studienkommission für die Reform des öffentlichen Dienstes, Band 1, S. 43, Baden-Baden 1973

Lindberg, Leon N.: The political dynamics of European economic integration, Stanford 1963
(zit: Political dynamics)

Lindgren, Erik: State administration and civil service in Denmark, Scandinavian Democracy 1958, S. 166
(zit: State administration)

Loewenstein, Karl: Staatsrecht und Staatspraxis von Großbritannien, Band 1: Parlament, Regierung, Parteien, Berlin—Heidelberg—New York 1967

Loveday, Alexander: Reflections on International Administration, Oxford 1956
(zit: Reflections)

Manzanares, Henri: Der europäische Dienst, DÖV 1971, S. 73
(zit: Europ. öff. Dienst)

Maunz, Theodor, Günter *Dürig* und Roman *Herzog:* Kommentar zum Grundgesetz, München, Stand 1973
(zit: Kommentar)

Meyer, Poul: The development of public administration in the Scandinavian countries since 1945, Revue Internationale des Sciences Administratives 1960, S. 134
(zit: Development of public administration)

Michaels, David B.: International privileges and immunities, Den Haag 1971
(zit: Intern. privileges)

Miller, Kenneth E.: Government and politics in Denmark, Boston 1969
(zit: Government and politics)

Neunreither, Karlheinz: Bemerkungen zum gegenwärtigen Leitbild des Europäischen Parlaments, Zeitschrift für Parlamentsfragen 1971, S. 321
(zit: Leitbild des Europ. Parlaments)

— Nationale Bürokratie oder europäische Technokratie, Dokumente 1970, S. 153
(zit: Nationale Bürokratie)

Noël, Emile: Der Ausschuß der Ständigen Vertreter, Europarecht 1967, S. 24

Noël, Emile und Henri *Etienne:* Zur Entwicklung der europäischen Institutionen: Der Ausschuß der Ständigen Vertreter und die Vertiefung der Gemeinschaften, Europarecht 1972, S. 137
(zit: Entwicklung)

von Oertzen, Hans-Joachim: Die Entsendung von Beamten in die Europäischen Gemeinschaften, DÖV 1966, S. 533
(zit: Entsendung)

Oldekop, Dieter: Die Richtlinien der EWG, Göttingen 1968
(zit: Richtlinien)

Ophüls, Carl Friedrich: Ein Problem des europäischen Beamtenrechts — Eignungsprinzip oder Nationalitätenproporz, DÖV 1964, S. 588
(zit: Problem des europ. Beamtenrechts)

Partsch, Karl Josef: Die Rechtsbeziehungen zwischen den europäischen Bediensteten und ihren Anstellungsgemeinschaften, DÖV 1961, S. 281
(zit: Europ. Bedienstete u. Anstellungsgemeinschaften)
In französischer Sprache erschienen in: Colloque sur la Fonction Publique Européenne. Rapports et Conclusions, 27. - 29. Mai 1960, Institut International des Sciences Administratives Bruxelles, S. 23

— Verfassungsprinzipien und Verwaltungsinstitutionen, Recht und Staat in Geschichte und Gegenwart, Heft 221, 1968, S. 7
(zit: Verfassungsprinzipien)

Piquemal, Marcel: Le fonctionnaire, Paris 1973

von Plehwe, Friedrich-Karl: Internationale Organisationen und die moderne Diplomatie, München—Wien 1972
(zit: Intern. Organisationen)

Pinto, Roger: Les organisations européennes, Paris 1963

Plog, Ernst und Alexander *Wiedow:* Kommentar zum Bundesbeamtengesetz (Stand Jan. 1972)
(zit: Kommentar)

Rauschning, Dietrich: Unabhängigkeit und Bindungen der Bediensteten internationaler Organisationen, in: Festschrift Wacke, Köln 1972, S. 47
(zit: Unabhängigkeit und Bindungen)

Remus, Rolf: Kommission und Rat im Willensbildungsprozeß der EWG, Heidelberg 1969
(zit: Kommission und Rat)

Reuter, Paul: Les Rapports entre les fonctionnaires européens et leurs pays d'origine, in: Colloque sur la Fonction Publique Européenne, Rapports et Conclusions, 27. - 29. Mai 1960, Institut International des Sciences Administratives Bruxelles, S. 34

Rittstieg, Helmut: Wirtschaftsverbände und Europäische Gemeinschaften, Hamburg 1967
(zit: Wirtschaftsverbände)

Rogalla, Dieter: Beteiligung und Mitsprache im europäischen Dienstrecht, in: Festschrift für Wolfgang Hefermehl, S. 213, Stuttgart 1972
(zit: Beteiligung und Mitsprache)

— Das Dienstrecht der Europäischen Gemeinschaften, in: Joseph H. Kaiser, Franz Mayer, Carl H. Ule (Hrsg.), Recht und System des öffentlichen Dienstes, Studienkommission für die Reform des öffentlichen Dienstes, Band 4, S. 305, Baden-Baden 1973
(zit: Dienstrecht der EG)

— Das Dienstrecht der Europäischen Gemeinschaften, Gustav-Stresemann-Institut (Hrsg.), Einführung in die Rechtsfragen der europäischen Integration, S. 91, Köln 1969
(zit: Dienstrecht)

— Zum Beruf des Europa-Beamten, Zeitschrift für Zölle und Verbrauchssteuern 1966, S. 129

Ruzié, David: Les fonctionnaires internationaux, Paris 1970

Salmon, Jean J. A.: Le rôle des représentations permanentes, in: La décision dans les Communautés européennes (Hrsg. Pierre Gerbert, Daniel Pepy), S. 57, Brüssel 1969

Satta, Filippo: Italien, in: Joseph H. Kaiser, Franz Mayer, Carl H. Ule (Hrsg.), Recht und System des öffentlichen Dienstes, Studienkommission für die Reform des öffentlichen Dienstes, Band 1, S. 155, Baden-Baden 1973

Sattler Andreas: Das Prinzip der „Funktionellen Integration" und die Einigung Europas, Göttingen 1967
(zit: Prinzip der funktionellen Integration)

Scelle, Georges A. J.: Le phénomène juridique de dédoublement fonctionnel, in: Festschrift für Hans Wehberg 1956, S. 324

Scheinman, Lawrence und Werner *Feld:* The European Economic Community and national civil servants of the member states, International Organisation 1972, S. 121
(zit: EEC and national civil servants)

Scheuner, Ulrich: Aussprache zu den Berichten: Bewahrung und Veränderung demokratischer und rechtsstaatlicher Verfassungsstruktur in den internationalen Gemeinschaften (Berichterstatter: Joseph H. Kaiser und Peter Badura), VVDStRL 1964, S. 109
(zit: Aussprache)

Scheven, Dieter: Ist der kirchliche Dienst öffentlicher Dienst?, ZBR 1964, S. 289

Schindler, Peter: Delegation von Zuständigkeiten in der Europäischen Gemeinschaft, Baden-Baden 1972
(zit: Delegation von Zuständigkeiten)

Schmidt, Gerold: Deutsches Beamtenrecht und europäische Einigung, Der öffentliche Dienst 1972, S. 61
(zit: Beamtenrecht u. europ. Einigung)

Schmitt von Sydow, Helmut: Die Zusammenarbeit nationaler und europäischer Beamter in den Ausschüssen der Kommission, Europarecht 1974, S. 62
(zit: Zusammenarbeit)

Schnitzler, Adolf F.: Vergleichende Rechtslehre, Band 1, Basel 1961

Schönke, Adolf und Horst *Schröder:* Kommentar zum Strafgesetzbuch 17. Aufl., München 1974
(zit: Kommentar)

Schröder, Meinhard: Die dienstrechtliche Rechtsprechung des Gerichtshofs der Europäischen Gemeinschaften, ZBR 1972, S. 15, 35
(zit: Rechtsprechungsübersicht)

— Der europäische Dienst im Spannungsfeld staatlicher und überstaatlicher Konzeptionen, ZBR 1974, S. 173
(zit: Europ. Dienst)

Schröer, Friedrich: Kollision zwischen internationalem und nationalem Beamtenrecht, insbesondere beim Streik in internationalen Organisationen, Archiv des öffentlichen Rechts, Band 90, 1965, S. 61
(zit: Kollision)

Schwarz, Hans-Peter: Europa föderieren — aber wie?, Festschrift Eschenburg 1971, S. 337
(zit: Europa föderieren)

Smith, Keith A.: The European Economic Community and national civil servants of the member states, International Organisation 1973, S. 563
(zit: EEC and national civil servants)

Spinelli, Altiero: The Eurocrats — Conflict and crisis of the European Community, Baltimore 1966
(zit: Eurocrats)

Tekülve, Ewald: Das Beamtenrecht der Niederlande, Bad Godesberg 1964
(zit: Niederl. Beamtenrecht)

— Das belgische Beamtenrecht, Bad Godesberg 1963
(zit: Belg. Beamtenrecht)

Tekülve, Ewald: Das französische Beamtenrecht, Bad Godesberg 1963
(zit: Franz. Beamtenrecht)

— Das italienische Beamtenrecht, Bad Godesberg 1963
(zit: Ital. Beamtenrecht)

— Der englische Civil Service, ZBR 1962, S. 297
(zit: Civil Service)

Thomas, Siegfried: Die Rechtsstellung des Personals bei internationalen Organisationen, Diss. Würzburg 1970
(zit: Rechtsstellung)

Trombetas, Thomas P.: Loyalty, Privileges and Immunities of International Servants, Revue Hellénique de Droit International 1965, S. 66
(zit: Loyalty)

Ule, Carl H.: Beamtenrecht, Köln 1970

Vandersanden, Georges: Le droit de grève des fonctionnaires communautaires, Revue du Marché Commun 1971, S. 466
(zit: Droit de grève)

Vedel-Bericht: Bericht der ad hoc-Gruppe für die Prüfung der Frage einer Erweiterung der Befugnisse des Europäischen Parlaments. Der Gruppe gehörten an: Georges Vedel, Jean Buchmann, Leopoldo Elia, Carl August Fleischer, Jochen A. Frowein, Guiseppe Guarino, Paul Kapteyn, Maurice Lagrange, John Mitchell, Mary Robinson, Ulrich Scheuner, Andrew Shonfield, Max Sorensen, Félix Welter; Bulletin der EG, Beilage 4/72

Wade, H. W. R.: Administrative law, 3. Aufl., Oxford 1971
(zit: Adm. law)

Welzel, Hans: Das deutsche Strafrecht, Berlin 1969
(zit: Strafrecht)

Wiebringhaus, Hans: Réflexions sur quelques problèmes du droit des gens et leur évolution entre 1951 et 1966, Mélanges Georges Langrod, S. 266, Paris 1969
(zit: Réflexions)

Wiese, Walter: Der Staatsdienst in der Bundesrepublik Deutschland, Neuwied—Berlin 1972
(zit: Staatsdienst)

Wirsing, Erich: Aufgaben und Stellung der Kommission in der Verfassungsstruktur der EWG, in: Gerda Zellentin (Hrsg.), Formen der Willensbildung in den europäischen Organisationen, S. 49, Frankfurt—Bonn 1965
(zit: Aufgaben und Stellung der Kommission)

Wohlfahrt, Ernst, Ulrich *Everling*, Hans Joachim *Glaesner* und Rudolf *Sprung*: Die Europäische Wirtschaftsgemeinschaft, Kommentar zum Vertrag, Berlin—Frankfurt 1960
(zit: Kommentar)

Young, Tien-Cheng: International Civil Service: Principles and Problems, Brüssel, ohne Jahresangabe.

Zuleeg, Manfred: Das Recht der Europäischen Gemeinschaften im innerstaatlichen Bereich, Köln 1969
(zit: Recht der EG)

Zuleeg, Manfred: Die Anwendbarkeit des parlamentarischen Systems auf die Europäischen Gemeinschaften, Europarecht 1972, S. 1
(zit: Anwendbarkeit des parl. Systems)

— Die Kompetenzen der Europäischen Gemeinschaften gegenüber den Mitgliedstaaten, Jahrbuch des öffentlichen Rechts, Neue Folge Band 20, 1971, S. 3
(zit: Kompetenzen der EG)

Zweigert, Konrad: Grundsatzfragen der europäischen Rechtsangleichung, ihrer Schöpfung und Sicherung, in: Festschrift Dölle, Band 2, Tübingen 1963
(zit: Grundsatzfragen)

Printed by Libri Plureos GmbH
in Hamburg, Germany